# LE LIVRE DE CUISINE UKRAINIEN AUTHENTIQUE

100 PLATS POPULAIRES ET DÉLICIEUX D'UKRAINE

NINON FÉLIX

## Tous les droits sont réservés.

## Avertissement

Les informations contenues dans cet eBook sont destinées à servir de collection complète de stratégies sur lesquelles l'auteur de cet eBook a effectué des recherches. Les résumés, stratégies, trucs et astuces ne sont recommandés que par l'auteur, et la lecture de cet eBook ne garantit pas que ses résultats refléteront exactement les résultats de l'auteur. L'auteur de l'eBook a fait tous les efforts raisonnables pour fournir des informations actuelles et précises aux lecteurs de l'eBook. L'auteur et ses associés ne sauraient être tenus responsables des erreurs ou omissions involontaires qui pourraient être constatées. Le contenu de l'eBook peut inclure des informations provenant de tiers. Les documents de tiers comprennent les opinions exprimées par leurs propriétaires. En tant que tel, l'auteur de l'eBook n'assume aucune responsabilité pour tout matériel ou opinion de tiers.

L'eBook est protégé par copyright © 2022 avec tous droits réservés. Il est illégal de redistribuer, copier ou créer des travaux dérivés de cet eBook en tout ou en partie. Aucune partie de ce rapport ne peut être reproduite ou retransmise sous quelque forme que ce soit sans l'autorisation écrite expresse et signée de l'auteur.

# TABLE DES MATIÈRES

## TABLE DES MATIÈRES..................................................................3
## INTRODUCTION......................................................................7
## DÉJEUNER.............................................................................8
    1. Galettes de pommes de terre ukrainiennes.................9
    2. Pain de seigle ukrainien...............................................12
    3. Petit-déjeuner de village ukrainien............................15
    4. Hachis de petit-déjeuner ukrainien............................17
    5. Crêpes ukrainiennes au fromage.................................21
    6. Sandwich déjeuner ukrainien.....................................23
    7. Thé miel-citron ukrainien...........................................26
    8. Pain noir ukrainien.......................................................28
    9. Pain ukrainien à la choucroute..................................31

## ENTRÉES ET COLLATIONS..................................................35
    10. Croissants ukrainiens aux amandes........................36
    11. Raviolis ukrainiens aux cerises.................................39
    12. Babbka ukrainienne...................................................42
    13. Pickles de courgettes.................................................47
    14. Concombre mariné rapide.........................................50
    15. Champignons marinés................................................52
    16. Beignes traditionnels..................................................55
    17. Ailes d'anges................................................................59
    18. Pizza Ukrainienne......................................................62
    19. Bouchées Vegan Pierogi.............................................65
    20. Baguette aux Champignons......................................67
    21. Petits pains au fromage végétaliens........................70

22. Hanky Panky............................................................................74
23. Bol de sarrasin aux champignons..............................................77
24. Poireaux rôtis lentement..........................................................81
25. Petit pain à l'oignon fumé et aux graines de pavot.....................83
26. Beignet à la Noix de Coco.......................................................88
27. Escalope de chou-rave............................................................91
28. Crêpes à la levure..................................................................94
29. Apéritif aux prunes.................................................................97
30. Crêpes végétaliennes au beurre de prune................................100

## SOUPES ET SALADES...........................................................103

31. Soupe de betteraves à l'ukrainienne.......................................104
32. Concombre ukrainien et bortsch au citron...............................108
33. Soupe aigre aux cornichons...................................................111
34. Bortsch................................................................................113
35. Soupe aux fraises/myrtilles....................................................115
36. Soupe aux choux..................................................................117
37. Chou rouge aigre-doux..........................................................119
38. Chou rouge braisé aux framboises..........................................121
39. Soupe aux légumes...............................................................124
40. Soupe à la tomate.................................................................126
41. Soupe aux cornichons...........................................................128
42. Soupe de seigle aigre............................................................131
43. Soupe de betterave froide.....................................................133
44. Soupe de fruits....................................................................136
45. Soupe de pomme de terre.....................................................138
46. Soupe au citron...................................................................141
47. soupe d'aspèrges.................................................................143
48. Salade de betteraves............................................................146
49. Salade de céleri et orange....................................................149
50. Salade de légumes...............................................................151
51. Concombres à la crème de coco.............................................154

52. Soupe de chou-rave...................................................156
53. Soupe ukrainienne aux haricots................................159

# PLAT PRINCIPAL..............................................................162

54. Gefullte poisson d'Ukraine.......................................163
55. Poulet à l'aneth ukrainien.........................................166
56. Ragoût ukrainien de viande et de poisson..............168
57. Rôti de pot ukrainien.................................................171
58. Rouleaux de chou ukrainiens au millet....................173
59. Stroganoff de boeuf ukrainien..................................176
60. Bigo végétarien.........................................................179
61. Raviolis Ukrainiens...................................................182
62. Sandwichs au caillé sucré.......................................185
63. Riz aux pommes.......................................................187
64. Nouilles et boulettes.................................................190
65. Nouilles et fromage végétalien................................194
66. Macaronis aux fraises..............................................197
67. Nouilles aux Champignons......................................200
68. Fromage végétalien aux radis.................................203
69. Pâtes au pavot..........................................................206
70. Poisson ukrainien.....................................................209
71. Rouleaux de chou.....................................................213
72. Pierogi aux pommes de terre et au fromage végétalien..............216
73. Tofu à la bière au four...............................................221
74. Piérogis à la patate douce.......................................224
75. Pâtes végétaliennes aux boulettes d'épinards........229
76. Pierogies aux pommes de terre et aux carottes.....232
77. Boulettes bouillies....................................................237
78. Pierogi aux bleuets...................................................240
79. Kolache à l'abricot....................................................244

# DESSERTS.......................................................................247

80. Chrustyky ukrainien..................................................248
81. Gâteau au fromage ukrainien......................................251
82. Bajaderki.................................................................254
83. Mazurek à la crème au chocolat..................................257
84. Gâteau Bundt à la citrouille et à la levure....................260
85. Rouleaux à la crème.................................................263
86. Gaufrettes...............................................................266
87. Tarte aux pommes des Fêtes......................................269
88. Biscuits au pain d'épice aux pommes de terre..............272
89. Pommes au four avec fruits et noix.............................275
90. Gâteau au fromage végétalien aux baies.....................277
91. Pudding aux grains sucrés.........................................280
92. Biscuits croissants aux noix.......................................282
93. Ragoût de prunes.....................................................284
94. Confiture.................................................................286
95. Gâteau de Paques....................................................288
96. Pouding à la vanille..................................................291
97. Fondant à la crème..................................................294
98. Amande en prunes au chocolat..................................297
99. Rouleaux de fromage doux végétaliens.......................300
100. Soufflé ukrainien au chou cuit à la vapeur.................304

**CONCLUSION**..............................................................307

# INTRODUCTION

La cuisine ukrainienne est un style caractéristique de cuisine, de pratique et de traditions associées à la culture ukrainienne et à l'art culinaire en Ukraine. De nombreux produits alimentaires sont soumis à un traitement thermique complexe - ils sont d'abord frits ou bouillis, puis cuits ou cuits au four. C'est la caractéristique la plus distinctive de la cuisine ukrainienne.

Ce traitement thermique complexe permet de préserver l'arôme des plats et leur donne de la jutosité. Les plats de viande et de légumes sont particulièrement savoureux et sains - rouleaux de chou à la viande, krucheniki de Volynian, bœuf lardé aux betteraves, etc.

Les plats ukrainiens sont connus pour leur variété et leurs qualités gustatives élevées. La cuisine ukrainienne comprend des centaines de recettes: bortsch et pampushki, gâteaux plats et boulettes, sauce aux champignons, banosh, vareniki et saucisses, boissons à base de fruits et de miel, etc. Certains plats ont une histoire séculaire, par exemple le bortsch ukrainien.

# DÉJEUNER

# 1. Galettes de pommes de terre ukrainiennes

Rendement : 6 portions

## Ingrédient

- 1 gros oignon ; râpé
- 6 pommes de terre ; pelé et râpé
- 2 cuillères à soupe de farine
- 2 oeufs
- 2 cuillères à café de sel
- $\frac{3}{4}$ cuillère à café de poivre noir
- 1 pinte de crème sure
- $\frac{1}{2}$ pinte de crème

## les directions

a) Dans un grand bol, utilisez un mélangeur pour réduire en purée les ingrédients sauf la crème sure et la crème. Vous pouvez également le faire dans un robot culinaire ou un mélangeur. Faire chauffer l'huile dans une poêle et lorsqu'elle est chaude déposer une grosse cuillerée du mélange. Cuire jusqu'à ce qu'il soit doré d'un côté. Tournez et répétez. Une fois terminé, retirez, égouttez et placez dans un four chaud.

b) Mélanger la crème sure et la crème ensemble.

c) Servir chaud avec une grosse cuillerée du mélange de crème! C'est un aliment de base dans les foyers ukrainiens et ces crêpes se conservent bien au réfrigérateur pendant 2 à 3 jours. Dans de nombreuses maisons, des conserves ou de la confiture sont également servies sur ces délicieuses crêpes.

## 2. Pain de seigle ukrainien

Rendement : 1 portions

## Ingrédient

- 1 cuillère à café de levure
- ¼ tasse d'eau tiède
- Dissoudre la levure dans le
- Eau
- 1 tasse de café fort
- 1 cuillère à café de mélasse Blackstrap
- 3 tasses de farine de seigle entier
- ⅓ tasse Farine de sarrasin entier
- 1¼ cuillère à café de sel

## les directions

a) Mélanger les ingrédients secs. Ajouter ¾ de tasse de café et la solution de levure. Si nécessaire, utilisez le reste du café si le mélange est trop sec. Utilisez de l'eau sur vos mains pour pétrir la pâte pendant 5 à 10 minutes.

b) Couvrir et laisser reposer 2 heures à température ambiante. Il ne montera pas beaucoup. Encore une fois, utilisez de l'eau sur vos mains et pétrissez brièvement la pâte. Couvrir à nouveau, et laisser lever encore 30 minutes, recouvert d'un linge humide. Façonnez la pâte en 1 ou 2 longs pains maigres, toujours en utilisant de l'eau sur vos mains.

c) Placer la pâte sur une plaque à biscuits, graissée ou saupoudrée de farine. Faire lever la pâte dans un endroit

chaud et humide pendant environ 45 minutes, jusqu'à ce que la pâte soit molle. Il y aura peu de hausse.
d) Cuire au four à 450 degrés pendant 20 minutes, avec une casserole d'eau dans le four.
e) Cuire au four à 375 degrés F. pendant encore 30 minutes, sans l'eau.

# 3. Petit-déjeuner de village ukrainien

POUR 4 PERSONNES

## Ingrédients

- 50 g de lard, haché
- 1 échalote, finement tranchée
- 1 blanc de poulet fermier, tranché finement dans le sens de la longueur
- 100g de chou frisé
- 4 œufs fermiers moyens

## les directions

a) Cuire le lardo dans une grande poêle à feu moyen pendant environ 5 minutes jusqu'à ce que la majeure partie de la graisse ait été rendue (fondue). Ajouter l'échalote et cuire jusqu'à ce qu'elle commence à dorer (environ 4 minutes).

b) Ajouter le poulet (si utilisé) et cuire pendant 2 minutes, puis ajouter le chou frisé et cuire encore 5 minutes.

c) Enfin, cassez les œufs, assaisonnez et faites cuire. Vous pouvez les laisser entiers et cuire jusqu'à ce que les blancs soient pris et que les jaunes soient encore coulants, ou les mélanger pour les brouiller - cela aura bon goût dans les deux cas.

## 4. Hachis de petit-déjeuner ukrainien

Portions : 10 personnes

**Ingrédients**

- 10 pommes de terre yukon gold ou russet coupées en cubes
- 2 cuillères à soupe d'aneth frais, haché
- 1 oignon (moyen) haché
- ⅔ tasse de liquide de choucroute pressé et haché finement,
- 1 saucisse ukrainienne doublement fumée de 375 grammes, coupée en rondelles
- 2 ½ tasses de champignons tranchés
- 1 poivron vert haché
- 2 cuillères à soupe d'huile végétale
- 3 cuillères à soupe de beurre
- 1 tasse de fromage cottage sec
- 2 gousses d'ail écrasées
- 1 cuillère à café de sel
- ½ cuillère à café de poivre
- des œufs

**les directions**

a) Couper les pommes de terre en cubes et cuire les pommes de terre au micro-ondes sur une assiette non couverte pendant environ 15 minutes ou jusqu'à ce qu'une fourchette puisse facilement passer à travers les morceaux de pommes de terre, mais qu'elles soient encore fermes/maintiennent leur forme.

b) Pendant ce temps : faites chauffer l'huile dans une grande poêle/poêle à frire à feu moyen-élevé et faites sauter le kubassa/kielbasa pendant 3-4 minutes, en remuant et en retournant régulièrement, puis retirez-le dans une assiette. Mettre de côté.

c) Ajouter 1 cuillère à soupe d'huile de cuisson supplémentaire dans la poêle, puis faire sauter le poivron vert, les oignons et l'ail à feu moyen-doux pendant 5 minutes. Ajouter les champignons et cuire encore 3-4 minutes. Réserver dans un bol séparé.

d) Ajouter le beurre dans la poêle et cuire les pommes de terre, en remuant et en retournant régulièrement, pendant 15 minutes jusqu'à ce qu'elles soient dorées à l'extérieur et tendres à l'intérieur.

e) Remettez ensuite le mélange poivron vert/oignon dans la poêle, ainsi que le kubassa, la choucroute, le fromage cottage sec, le plat et faites cuire, en remuant, pendant environ 10 minutes supplémentaires.

f) Si vous utilisez des œufs : faites cuire les œufs à votre goût et placez-les sur le hachis.

# 5. Crêpes ukrainiennes au fromage

PORTIONS 4

**Ingrédient**

- 275 g de fromage fermier
- 1 oeuf
- 50 g de farine ordinaire
- 2 cuillères à soupe de sucre semoule
- Pincée de sel

**les directions**

a) Mettez tous les ingrédients dans un mélangeur et blitz

b) Prendre une cuillerée du mélange et déposer dans la farine. Rouler pour recouvrir l'extérieur de farine. Aplatir légèrement. Déposer sur une assiette farinée ou directement dans la poêle.

c) Frire de chaque côté pendant environ 3-4 minutes jusqu'à ce qu'ils soient dorés.

d) Servir avec de la confiture et de la crème sure

# 6. Sandwich déjeuner ukrainien

Portions 1 portion

## Ingrédients

- 1 oeuf
- 1 cuillère à soupe de fromage cottage sec
- ½ cuillère à café d'aneth
- 1 cuillère à soupe de crème sure
- ⅓ tasse de kielbasa ukrainien en tranches
- 1 cuillère à café de moutarde
- ½ cuillère à café de raifort
- 1 muffin anglais de blé entier
- 2 tranches de tomates

## les directions

a) Faire griller un muffin anglais.

b) Vaporisez l'intérieur d'une tasse à café avec un aérosol de cuisson antiadhésif. Casser l'œuf dans une tasse et ajouter le fromage cottage sec et l'aneth. Remuez doucement pendant une seconde et essayez de ne pas casser le jaune.

c) Mettez le mélange d'œufs au micro-ondes pendant 30 à 40 secondes (avec couvercle) ou jusqu'à ce que l'œuf soit pris. Desserrez doucement en passant un couteau entre l'intérieur de la tasse et l'œuf.

d) Mélanger la crème sure, le raifort et la moutarde ensemble. Étendre uniformément de chaque côté du muffin anglais.

e) Garnir un côté du muffin anglais de tranches de kielbasa et faire glisser doucement l'œuf cuit hors de la tasse et sur le dessus du kielbasa.

f) Ajouter la tomate tranchée. Garnir de l'autre moitié du muffin anglais.

g) Sers immédiatement.

## 7. Thé miel-citron ukrainien

Rendement : 2 pintes

## Ingrédient

- 8 cuillères à soupe de feuilles de thé indien à l'orange
- 6 cuillères à soupe de jus de citron fraîchement pressé
- 2 cuillères à soupe de zeste de citron fraîchement râpé
- 1 tasse de miel

## les directions

a) Placez les feuilles de thé et le zeste de citron dans un sac en étamine et fermez-le.

b) Porter à ébullition $2\frac{1}{4}$ litres d'eau, ajouter le sachet, le jus de citron et le miel.

c) Faire bouillir 5 minutes, éteindre le feu et laisser infuser 10 minutes.

d) Servir chaud

## 8. Pain noir ukrainien

Rendement : 1 portions

## Ingrédient

- 1 cuillère à café de levure sèche active
- ¼ tasse; De l'eau tiède (pas brûlante !)
- 1 tasse de café, FORT ; refroidi
- 1 cuillère à café de mélasse Blackstrap
- 3 tasses de farine de seigle entier
- ½ tasse de farine de sarrasin entier
- 1¼ cuillère à café de sel

## les directions

a) Délayer la levure dans l'eau tiède. Incorporer la mélasse au café.

b) Mélanger les ingrédients secs. Mélanger les humides et pétrir la pâte pendant 10-12 minutes. Couvrir la pâte à ce stade dans un bol et laisser reposer pendant 2 heures. Sortez-le et pétrissez à nouveau pendant 3-4 minutes. Former une boule moulue et couvrir pendant 30 minutes de plus.

c)  Prenez la boule entre vos mains et roulez-la en une forme longue et fine semblable à celle d'un pain français, d'environ 2 à 3 pouces de diamètre. Assurez-vous de garder vos mains humides lorsque vous manipulez la pâte à toutes les étapes jusqu'à présent. Graisser une plaque à biscuits et déposer la pâte dessus. Faire lever la pâte dans un four chaud (environ 85 degrés F.) pendant 45 minutes.

d)  Cuire dans un four humide à 375 degrés F (placer 1 tasse d'eau dans un bol en métal dans le four) pendant 20 minutes.

e)  Retirez le bol d'eau et continuez à cuire pendant 30 minutes de plus à 375 degrés F. Cela donne un long pain ou il peut être transformé en 2 pains plus courts ou même en petits pains.

# 9. Pain ukrainien à la choucroute

Rendement : 15 portions

**Ingrédient**

- 1½ tasse de babeurre faible en gras ébouillanté
- ½ tasse d'eau tiède (98 à 110
- Degrés F)
- 1 sachet de levure sèche active
- 2 cuillères à soupe de miel léger
- 4 œufs
- 14 tasses de blé entier ou
- Farine blanche non blanchie
- 3 cuillères à soupe d'huile de carthame
- 2 tasses de choucroute égouttée
- ½ tasse de carottes râpées
- ½ cuillère à café de poivre
- ½ cuillère à café de substitut de sel aux herbes

**les directions**

a) Dans un grand bol, mélanger le babeurre, l'eau, la levure et le miel. Remuer jusqu'à ce que la levure soit dissoute et laisser reposer 5 minutes.

b) Dans un petit bol, battre les œufs, puis les ajouter au mélange de levure. Incorporer 5 à 6 tasses de farine, ou assez pour former une pâte épaisse. Bien remuer et laisser reposer 20 minutes.

c) Remuer vigoureusement la pâte pendant 1 minute, puis ajouter 2 cuillères à soupe d'huile et suffisamment de farine pour former une pâte épaisse. Farinez légèrement un comptoir ou une planche à pain et retournez la pâte sur la planche. Pétrir jusqu'à consistance lisse et élastique (5 à 10 minutes). Huilez légèrement un saladier et mettez-y la pâte pétrie. Couvrir le saladier d'un torchon et laisser lever 40 minutes.

d) Dégazer la pâte, puis couvrir à nouveau et laisser lever 30 minutes supplémentaires.

e) Pendant que la pâte lève pour la deuxième fois, combiner le reste de l'huile, la choucroute, les carottes, le poivre et le substitut de sel dans une petite casserole. Cuire ce mélange à découvert, à feu moyen-élevé, pendant 10 minutes, en remuant fréquemment. Retirer du feu et verser dans une passoire placée au-dessus de l'évier. Laisser égoutter la choucroute pendant 10 minutes.

f) Huilez légèrement un moule de 9 x 12 pouces et préchauffez le four à 350 degrés F. Séparez la pâte en 2 boules et roulez chacune en un rectangle de 9 x 12 pouces. Placer un rectangle dans le moule. Verser dessus le mélange de choucroute. Déposer le deuxième rectangle de pâte sur la choucroute. Mettre la main dans le moule et pincer les bords des couches inférieure et supérieure de pâte ensemble, en scellant hermétiquement. Laisser lever 10 minutes.

g) Cuire le pain à la choucroute jusqu'à ce qu'il soit doré (environ 45 minutes). Il devrait sortir facilement du moule. Laisser refroidir sur une grille, puis couper en tranches épaisses.

e)

# ENTRÉES ET COLLATIONS

## 10. Croissants ukrainiens aux amandes

Rendement : 6 portions

**Ingrédient**

- 2 tasses de farine blanche non blanchie
- 1 sachet de levure sèche
- 1 tasse de beurre doux, température ambiante
- 2 jaunes d'œufs battus
- $\frac{3}{4}$ tasse de crème sure

**Remplissage:**

- 2 tasses d'amandes, grillées et grossièrement moulues
- $\frac{2}{3}$ tasse à 3/4 tasse de cassonade, bien tassée
- 2 blancs d'œufs
- 1 pincée de sel

**les directions**

a) Pour la pâte, mélanger la farine et la levure dans un moyen. bol.

b) Incorporer le beurre à l'aide d'une fourchette à pâtisserie jusqu'à ce que le mélange ressemble à de la farine grossière.

Incorporer les jaunes d'œufs et la crème sure et bien mélanger. Le mélange sera encore friable.

c) Façonnez la pâte en boule à l'aide de vos mains en la travaillant le moins possible. Moins vous pétrirez, plus la pâte sera tendre. La pâte sera collante. Enveloppez-le dans du papier ciré et réfrigérez-le pendant au moins 2 heures.

d) Préparez la garniture en mélangeant la poudre d'amandes et le sucre dans un petit bol. Battez ensemble les blancs d'œufs et le sel jusqu'à ce qu'ils soient fermes, mais pas secs, et incorporez-les délicatement au mélange de noix.

e) Préchauffer le four à 375F. Lorsque la pâte est bien refroidie, divisez-la en trois boules. À l'aide d'un rouleau à pâtisserie fariné, abaisser trois cercles d'environ $\frac{1}{8}$" d'épaisseur. Travaillez sur une surface bien farinée pour éviter que la pâte ne colle.

f) Coupez chaque cercle en huit quartiers en forme de tarte et étalez les quartiers avec la garniture. En commençant par l'extrémité large, enroulez chaque coin comme un petit croissant, puis tirez les extrémités dans une courbe pour former une "corne". Assurez-vous que la pointe est en bas pour que les "cornes" ne s'ouvrent pas pendant la cuisson.

g) Placer les croissants aux amandes sur une plaque à pâtisserie légèrement huilée et cuire environ 30 à 40 min, jusqu'à ce qu'ils soient dorés et gonflés.

# 11. Raviolis ukrainiens aux cerises

Rendement : 16 portions

## Ingrédient

- 2 tasses de farine tout usage; tamisé
- 1 cuillère à café de sel
- 2 oeufs
- 1½ tasse de cerises rouges aigres dénoyautées en conserve, égouttées
- ½ tasse d'eau
- 1 blanc d'oeuf
- 1 à 3 cuillères à soupe de sucre

## les directions

a) Pétrir sur une planche farinée. Former une boule et laisser reposer 1 h. Étaler très finement sur une planche farinée. Couper en petits ronds d'environ 4 pouces de diamètre.

b) Déposer 1 cuillerée de garniture aux fruits sur la moitié inférieure de chaque cercle. Badigeonner les bords de blanc d'œuf légèrement battu. Inonder la pâte pour former un demi-cercle et presser les bords ensemble. Plongez-les, quelques-unes à la fois, dans une grande bouilloire d'eau bouillante et faites cuire vivement pendant 15 à 20 minutes ou jusqu'à ce que les boulettes remontent à la surface. Retirer avec une écumoire et égoutter. Servir chaud. Servir avec du jus de cerise chaud et de la crème épaisse, si désiré. Donne environ 16.

c) Mettre les cerises et le sucre dans une petite casserole et laisser mijoter 5 minutes.

## 12. Babbka ukrainienne

Rendement : 1 Babbka

## Ingrédient

- 1 sachet de levure sèche active
- pincée de sucre
- ¼ tasse d'eau tiède
- ½ tasse de beurre non salé, fondu
- ¼ tasse) de sucre
- 1½ cuillère à café de sel
- 2 cuillères à café d'extrait de vanille
- ½ cuillère à café d'extrait d'amande
- ¾ tasse de lait chaud
- 3 oeufs
- 4 tasses de farine tout usage non blanchie
- 2 cuillères à soupe de beurre non salé, pour badigeonner la pâte
- 3 cuillères à soupe de sucre en poudre vanillé ou de sucre en poudre
- 1½ tasse de fromage cottage sec

- ⅓ tasse de sucre
- 1½ cuillère à soupe de crème sure
- 1½ cuillère à soupe Farine
- 1 œuf
- 1 cuillère à café de zeste de citron
- ½ cuillère à café d'extrait de vanille
- 3 cuillères à soupe de groseilles
- 2 cuillères à soupe de Cognac pour 1/2 heure

**les directions**

a) Saupoudrer la levure et le sucre sur de l'eau tiède dans un petit bol et remuer pour dissoudre. Laisser reposer jusqu'à consistance mousseuse, environ 10 minutes. Dans un grand bol, mélanger le beurre, le sucre, le sel, la vanille, les amandes, le lait, les œufs et 1 tasse de farine. Battre jusqu'à consistance lisse avec un fouet. Ajouter le mélange de levure. Battre 3 minutes ou jusqu'à consistance lisse.

b) Ajouter la farine, ½ tasse à la fois avec une cuillère en bois jusqu'à ce qu'une pâte molle se forme. Déposer la pâte sur une surface légèrement farinée et pétrir jusqu'à ce qu'elle soit lisse et soyeuse, environ 5 minutes.

c) Assurez-vous que la pâte reste molle. Placer dans un bol graissé, tourner une fois pour graisser le dessus et couvrir d'une pellicule plastique. Laisser lever dans un endroit chaud jusqu'à ce qu'elle ait doublé, environ 1h30. Pendant ce temps, combiner les ingrédients de la garniture dans un bol, battre jusqu'à consistance crémeuse. Dégonflez doucement la pâte, retournez-la sur une planche légèrement farinée et roulez ou tapotez en un rectangle de 10 x 12 pouces.

d) Badigeonner de beurre fondu. Étendre la garniture en laissant une bordure de ½ pouce tout autour de la pâte. Rouler à la manière d'un roulé à la gelée et pincer les coutures. En tenant une extrémité, tordre la pâte environ 6 à 8 fois pour faire une corde.

e) Former un serpentin plat et le placer dans un moule ou un moule à cheminée bien graissé de 10 à 12 tasses. Pincez les extrémités ensemble et ajustez la pâte pour qu'elle repose uniformément dans le moule, pas plus de ⅔ plein.

f) Couvrir lâchement d'une pellicule plastique et laisser lever jusqu'à ce que le dessus de la casserole soit égal à environ 45 minutes. Cuire au four préchauffé à 350 degrés F. pendant 40 à 45 minutes, ou jusqu'à ce qu'ils soient dorés et qu'un testeur de gâteau en ressorte propre. Il y aura un son creux lorsque vous appuyez dessus. Laisser reposer 5 minutes dans le moule, puis transférer du moule sur une grille pour refroidir complètement.

g) Laisser reposer 4 heures ou toute la nuit, enveloppé dans du plastique avant de trancher. Saupoudrer de sucre en poudre ou arroser de glaçage au sucre en poudre.

# 13. Pickles de courgettes

Donne : 6 grands pots

**Ingrédients:**

- 3 kg de courgettes (un mélange de jaune et de vert)
- 5 cuillères à soupe de sel
- 500g d'oignon
- 500 g de carottes, râpées
- 1 kg de poivron rouge coupé en dés
- 250 ml de vinaigre double concentration (10 %)
- 200g de sucre semoule
- 1 cuillère à café de baies de piment de la Jamaïque
- 1/2 cuillère à café de piment moulu
- 3 cuillères à café de graines de moutarde blanche
- 1 cuillère à soupe de grains de poivre noir
- 1 cuillère à café de graines de coriandre
- 6 feuilles de laurier
- huile végétale

**Les directions:**

a) Lavez soigneusement les courgettes mais ne les épluchez pas. À l'aide d'un épluche-légume, râpez ou coupez en longs morceaux fins. Ajouter dans un bol à mélanger et assaisonner avec 3 cuillères à soupe de sel. Mélanger tous les ingrédients dans un bol à mélanger et mettre de côté pendant 2 à 3 heures.

b) Épluchez et émincez l'oignon, puis placez-le dans un bol séparé avec le reste du sel et mélangez bien. Compter 2 à 3 heures de préparation.

c) Égouttez le liquide qui s'est accumulé dans les courgettes et l'oignon. Dans un grand saladier, mélanger la courgette, l'oignon, la carotte râpée et le poivron émincé.

d) Porter à ébullition le vinaigre dans une casserole, puis ajouter le sucre et les épices (sauf le laurier). Pendant que la sauce est encore chaude, versez-la sur les légumes. 3 heures de marinade

e) Stérilisez les bocaux en y transférant des légumes et du liquide. Fermez les bocaux avec des couvercles et ajoutez 1 feuille de laurier et 1 cuillère à soupe d'huile à chacun.

f) Dans une grande casserole recouverte d'un torchon propre, placez les bocaux et ajoutez suffisamment d'eau chaude pour remonter aux 3/4 des côtés des bocaux.

g) Porter à ébullition, puis mélanger 20 à 30 minutes au bain-marie bouillant dans une casserole tapissée d'un torchon propre, l'eau chaude atteignant les 3/4 de la hauteur des bocaux.

## 14. Concombre mariné rapide

Sert : 5

**Ingrédients**

- 1/2 oignon, finement haché
- 75 ml de vinaigre blanc
- 100g de sucre semoule
- 3/4 cuillère à soupe de sel
- 1 concombre, lavé et tranché finement

**Les directions:**

a) Mélanger l'oignon haché, le vinaigre, le sucre et le sel dans une petite bassine.

b) Réfrigérer pendant au moins 30 minutes avant de servir, en mélangeant avec des tranches de concombre.

## 15. Champignons marinés

Donne : 5 pots

**Ingrédients**

- 1,5 kg de petits champignons
- 2 cuillères à café de sel
- 250 ml de vinaigre blanc 10%
- 750 ml d'eau
- 1 oignon, coupé en rondelles
- 1 1/2 cuillères à café de sel
- 3 à 4 cuillères à café de sucre
- 10 grains de poivre noir
- 3 baies de piment
- 1 feuille de laurier

**Les directions:**

a) À l'aide d'un chiffon sec, taillez et nettoyez les champignons. Cuire 30 minutes à feu doux après transfert dans une casserole avec 2L d'eau bouillante et 2 cuillères à soupe de sel.

b) Mélanger le vinaigre et 750 ml d'eau dans un bol à mélanger. Mélanger l'oignon, 1 1/2 cuillères à café de sel, le sucre, les grains de poivre, le piment de la Jamaïque et la feuille de laurier dans un grand bol à mélanger. Porter à ébullition, puis réduire à feu doux pendant 5 minutes.

c) Placer les champignons cuits dans de petits bocaux stérilisés après les avoir égouttés. Fermez bien les couvercles et couvrez de saumure chaude. Laisser refroidir avant de réfrigérer pendant 3 à 4 semaines avant de servir.

# 16. Beignes traditionnels

Portions : 24 portions

**Ingrédients**

- 2 paquets de levure sèche active (4 1/2 cuillères à café)
- 1 1/2 tasse de lait végétal, chaud, environ 110 F
- 1/2 tasse de sucre cristallisé
- 1/2 tasse de beurre de noix de coco, à température ambiante
- 1 cuillère à soupe de cognac ou de rhum
- 1 cuillère à café de sel
- 4 1/2 à 5 tasses de farine tout usage
- 1 gallon d'huile végétale, pour la friture
- Environ 1/2 tasse de sucre granulé, pour rouler
- Environ 1/2 tasse de sucre à glacer, pour rouler
- 1 tasse de confiture ou de pâte de fruits, pour le remplissage, facultatif

**les directions**

a) Dans un petit bol, dissoudre la levure dans le lait végétal tiède. Réserver après avoir remué pour dissoudre.

b) Mélanger le sucre et le beurre de noix de coco dans un grand bol à mélanger ou un batteur sur socle équipé de l'accessoire à palette jusqu'à consistance mousseuse.

c) Incorporer le brandy ou le rhum, ainsi que le sel, jusqu'à ce que le tout soit bien mélangé.

d) À l'aide de l'accessoire à palette, ajoutez en alternance 4 1/2 tasses de farine et le mélange végétal de lait et de levure. À la machine, battre pendant 5 minutes ou plus jusqu'à consistance lisse, ou à la main plus longtemps.

e) Dans un bol huilé, déposer la pâte. Retourner le moule pour beurrer l'autre côté.

f) Couvrir le dessus d'une pellicule plastique et laisser lever pendant 1 à 2 1/2 heures, ou jusqu'à ce qu'elle ait doublé de volume.

g) Fariner un plan de travail légèrement fariné et étaler la pâte. Pat ou rouler à une épaisseur de 1/2 pouce. Pour éviter le gaspillage, utilisez un emporte-pièce de 3 pouces pour couper des ronds rapprochés.

h) Avant de faire frire, couvrir la plaque d'un linge humide et laisser lever les rondelles jusqu'à ce qu'elles doublent de masse, environ 30 minutes.

i) Chauffez l'huile dans une grande poêle ou un four hollandais à 350 degrés F. Placez quelques beignets dans l'huile à l'envers (côté sec) et faites cuire pendant 2 à 3 minutes, ou jusqu'à ce que le fond soit doré.

j) Retournez-les et faites cuire encore 1 à 2 minutes ou jusqu'à ce qu'ils soient dorés. Assurez-vous que l'huile ne devienne pas trop chaude afin que l'extérieur ne brunisse pas avant que l'intérieur ne soit terminé. Vérifiez-en un frais pour voir s'il est entièrement cuit. Le temps de cuisson et la chaleur de l'huile doivent être ajustés en conséquence.

k) Pendant qu'il est encore chaud, rouler dans le sucre cristallisé. Si vous voulez les remplir, faites un trou sur le côté du beignet et pressez-y une grosse cuillerée de la garniture de votre choix avec une poche à douille. Saupoudrez ensuite de sucre cristallisé, de sucre à glacer ou d'un glaçage sur le beignet fourré.

l)

## 17. Ailes d'anges

Pour : 4

## Ingrédients

- 2 tasses de farine
- 1 cuillère à soupe de sucre
- 1/4 cuillère à café de sel
- 3 à 5 cuillères à soupe de crème de noix de coco
- 1 cuillère à soupe de spiritueux
- 1/2 cuillère à café de vanille
- 1 cuillère à café de zeste d'agrumes (facultatif)
- saindoux végétalien, pour la friture
- sucre glace, pour saupoudrer

## les directions

a) Mélanger la farine, le sucre et le sel.

b) Mélangez 3 cuillères à soupe de crème, d'alcool, de vanille et de zeste si vous l'utilisez dans un bol séparé.

c) Ajouter les ingrédients humides aux ingrédients secs et fouetter jusqu'à ce que la pâte se rassemble, en ajoutant un peu de crème si nécessaire.

d) Rouler le plus finement possible

e) Couper en bandes de 1 x 4 pouces, en faisant une fente au centre de chaque bande.

f) Tirez une extrémité à travers la fente pour produire un look tordu

g) Préchauffer le saindoux à 350°F.

h) Frire par lots jusqu'à ce qu'ils soient dorés, en les retournant pour faire frire les deux côtés. Égoutter sur du papier absorbant.

i) Arroser le dessus de sucre en poudre.

## 18. Pizza Ukrainienne

Portions : 2 personnes

**Ingrédients**

- 1 cuillères à café de beurre de noix de coco
- ½ oignon, coupé en dés
- 1 boîte (4 oz) de champignons tranchés, égouttés
- Sel et poivre au goût)
- ½ baguette française, coupée en deux sur la longueur
- 1 tasse de fromage végétalien
- Ketchup (en haut)

## les directions

a) Préchauffer le four à 400 degrés Fahrenheit.

b) Faire chauffer l'huile dans une grande poêle antiadhésive. Faire sauter les oignons et les champignons pendant 5 minutes ou jusqu'à ce qu'ils soient tendres. Assaisonnez avec du sel et du poivre selon votre goût.

c) Sur une plaque allant au four, disposer les moitiés de baguette (ou les tranches de pain). Ajouter le mélange de champignons et le fromage végétalien sur le dessus.

d) Cuire au four pendant 10 minutes ou jusqu'à ce que le fromage végétalien soit doré et fondu.

e) Servir avec du ketchup à côté.

# 19. Bouchées Vegan Pierogi

Pour : 4

**Ingrédients**

- 14 tranches de bacon végétalien, coupées en deux
- Mini pierogies de pommes de terre de 12 onces, décongelées
- 1/4 tasse de cassonade claire

**les directions**

a) Préchauffer le four à 400°F. À l'aide d'un aérosol de cuisson, enduire une plaque à pâtisserie à rebords.

b) Enroulez du bacon végétalien autour du centre de chaque pierogi et placez-le sur une plaque à pâtisserie. La cassonade doit être uniformément répartie.

c) Cuire 18 à 20 minutes à 350°F.

# 20. Baguette aux Champignons

Pour : 2

**Ingrédients**

- 1 baguette
- 10 oz. (300g) champignons de Paris
- 1 petit oignon
- 5 onces. (150g) fromage végétalien
- 1 cuillère à soupe d'huile de canola (pour la friture)
- 2 cuillères à soupe de ketchup de tomates

**les directions**

a) Préchauffer le four à 400 degrés Fahrenheit.

b) Couper la baguette dans le sens de la longueur. Récupérez-en un peu plus.

c) Lavez, séchez et coupez les champignons en petits morceaux.

d) Coupez l'oignon en petits morceaux après l'avoir épluché.

e) Préchauffer la poêle et ajouter l'huile. Pendant 7 à 10 minutes, faire revenir l'oignon et les champignons hachés. Sel et poivre au goût.

f) Préparez le fromage vegan en le râpant.

g) Placer l'oignon frit et les champignons dans les baguettes. Couvrir de fromage végétalien râpé.

h) Préchauffer le four à 350 °F et cuire jusqu'à ce qu'ils soient dorés (environ 8 à 10 minutes).

## 21. Petits pains au fromage végétaliens

Pour : 4

## Ingrédients

### Pâte

- 4 tasses de farine tout usage
- 2 sachets de levure sèche instantanée (5 cuillères à café)/ ou 9-10 cuillères à café de levure fraîche
- 1/3 tasse de sucre
- 1/3 tasse de beurre de noix de coco
- 1/2 cuillère à café de sel

### Remplissage

- 2 tasses de fromage végétalien
- 1/3 tasse de beurre de noix de coco
- 1/2 tasse de sucre en poudre
- raisins secs

## les directions

### faire de la pâte

a) Mélanger la farine, la levure sèche instantanée, le sucre et le sel dans un bol à mélanger. Versez le beurre de coco fondu.

b) Si vous utilisez de la levure fraîche, mélangez-la d'abord avec du sucre et un peu de lait végétal frais. Après cela, mélangez tous les ingrédients restants.

c) Pétrir la pâte. Remplir à moitié un grand bol à mélanger avec de la farine. Placez la pâte dans le bol, couvrez-la d'un torchon ou d'un torchon et gardez-la au chaud.

d) Attendez que la pâte double de volume, environ 1-1,5 heures.

## Faire le remplissage

a) Mélanger tous les ingrédients de la garniture ensemble.

b) Tapisser les deux moules de papier cuisson.

c) Diviser la pâte en 10-12 morceaux une fois qu'elle est prête.

d) Déposez les petits pains ronds sur les moules après les avoir façonnés.

e) Couvrez les casseroles avec un torchon/chiffon de cuisine et mettez-les de côté dans un endroit chaud pendant encore 40 minutes.

f) Préchauffer le four à 392 degrés Fahrenheit (200 degrés Celsius).

g) Au bout de 40 minutes, faire des fossettes dans les pains avec un petit verre.

h) À l'intérieur des fossettes, placez la crème anglaise.

i) Saupoudrer les raisins secs sur chaque pain si vous en utilisez.

j) Préchauffer le four à 350°F et cuire 15 minutes.

## 22. Hanky Panky

Portions 36 pièces

## Ingrédients

- 1 ¼ lb. seitan moulu
- 1 livre de fromage végétalien
- 1 cuillères à café d'origan moulu
- 1 cuillères à café d'ail en poudre
- ½ cuillères à café de piment rouge broyé
- 1 pincée de graines de fenouil
- 1 pain de seigle de fête parfois appelé pain de seigle cocktail

## les directions

a) Préchauffer le four à 400°F.

b) Dans une grande poêle à feu moyen-élevé, ajouter le seitan moulu. Cuire, en remuant constamment, jusqu'à ce qu'ils soient dorés.

c) Ajouter l'origan, la poudre d'ail, le piment rouge broyé et les graines de fenouil au mélange.

d) Cubez le fromage et mélangez-le avec le mélange de seitan. Remuer jusqu'à ce que le fromage soit fondu et que le mélange soit bien mélangé.

e) Ajouter une cuillerée du mélange de seitan et de fromage sur chaque morceau de pain avec une petite cuillère à glace (environ 114 pouces de diamètre) ou une cuillère à soupe.

f) Cuire au four de 8 à 10 minutes, ou jusqu'à ce que le pain soit grillé et que la garniture bouillonne, sur une plaque à biscuits.

g) Servir à température ambiante ou tiède.

## 23. Bol de sarrasin aux champignons

Pour : 4

## Ingrédients

- 2 oignons
- 1 carotte
- 2 gousses d'ail
- 45g de beurre de coco
- 150g de champignons de Paris
- 150g de sarrasin
- 1 feuille de laurier
- 1 cube de bouillon de légumes
- Une poignée d'aneth, feuilles seulement
- roquette 50g
- 150 g de yaourt végétal
- Sel de mer
- Poivre fraîchement moulu
- 1 cuillère à café d'huile d'olive
- 400 ml d'eau bouillante

## les directions

a) Couper les oignons en fines rondelles après les avoir épluchés. Les carottes doivent être pelées et hachées finement. L'ail doit être pelé et râpé ou écrasé.

b) Ajouter les oignons, le beurre de noix de coco et une touche de sel et de poivre dans la poêle. Cuire et remuer pendant 5 à 8 minutes, ou jusqu'à ce que l'oignon soit pâteux et d'une couleur dorée profonde - réduisez le feu s'il brunit trop ou trop rapidement.

c) Ajouter les carottes, l'ail et les champignons dans la poêle et remuer pour combiner. Cuire pendant 5 minutes, en remuant de temps en temps, jusqu'à ce que les champignons soient humides.

d) Ajouter le sarrasin et la feuille de laurier et remuer pour combiner. Dans le cube de bouillon, émietter. Versez 400 ml d'eau bouillante dans la casserole.

e) Laisser mijoter pendant 12 à 15 minutes ou jusqu'à ce que l'eau se soit évaporée et que le sarrasin soit tendre mais encore ferme.

f) Retirez les feuilles douces des brins d'aneth et hachez-les grossièrement pendant que le sarrasin mijote. Couper la roquette en petits morceaux.

g) Goûter le sarrasin et assaisonner avec un peu de sel ou de poivre si désiré. Mélanger la majorité de l'aneth et de la roquette avec une fourchette. Remplir à moitié les bols chauffés de sarrasin.

h) Garnir d'une cuillerée de yaourt végétal et du reste de roquette et d'aneth.

## 24. Poireaux rôtis lentement

Rendement : 4

## Ingrédients

- 4 poireaux
- $\frac{1}{4}$ tasse d'huile d'olive
- 1 cuillère à soupe de sel de mer

## les directions

a) Mélanger les poireaux avec l'huile d'olive et le sel dans un grand bassin jusqu'à ce qu'ils soient bien enrobés. Placer les poireaux, côté coupé vers le bas, sur une plaque à pâtisserie préparée.

b) Enveloppez soigneusement la plaque à pâtisserie dans du papier d'aluminium - elle n'a pas besoin d'être totalement scellée, mais elle doit être aussi serrée que possible. Remettez la plaque de cuisson au four et baissez la température à 300 degrés.

c) Cuire au four de 15 à 30 minutes ou jusqu'à ce que les poireaux soient tendres. Retirer la plaque du four et retourner les poireaux. Remettre au four, augmenter la température à 400 °F et cuire pendant 15 à 20 minutes, ou jusqu'à ce qu'ils soient croustillants et dorés.

## 25. Petit pain à l'oignon fumé et aux graines de pavot

Donne 8

**Ingrédients:**

- oignon 1 gros, pelé et tranché épais
- levure sèche active 1 cuillères à café
- farine à pain blanche forte 300g
- farine ordinaire 175g, plus plus pour saupoudrer
- sel de mer 1½ cuillères à café
- farine ordinaire 50g
- levure sèche active ½ cuillère à café
- huile d'olive 1 cuillères à soupe
- sel de mer fumé ¼ cuillères à café
- paprika doux fumé ¼ cuillères à café
- graines de pavot 1 cuillères à café, plus une pincée supplémentaire pour saupoudrer
- graines de sésame quelques pincées

**les directions**

a) Dans un plat à mélanger, mélanger la farine et la levure avec 50 ml d'eau tiède, puis couvrir d'un film alimentaire et réserver une nuit.

b) Commencez la pâte le lendemain en plaçant l'oignon dans une petite casserole avec 150 ml d'eau. Faites chauffer l'eau jusqu'à ce qu'elle commence à bouillonner, puis retirez-la du feu.

c) Retirer du four et laisser refroidir à température ambiante. Versez l'eau dans un verre doseur et assurez-vous qu'il s'agit de 150 ml ; si ce n'est pas le cas, ajoutez-en d'autres. Réserver les oignons pour plus tard.

d) Pendant ce temps, mélanger la levure et 100 ml d'eau tiède dans un bol à mélanger et laisser reposer pendant 10 à 15 minutes, ou jusqu'à ce qu'il soit mousseux.

e) Versez les farines dans un batteur sur socle muni d'un crochet pétrisseur, et ajoutez le levain et l'eau d'oignon une fois que le mélange de levure a moussé.

f) Commencez à mélanger à basse vitesse pour combiner la pâte, puis augmentez à vitesse moyenne et pétrissez la pâte pendant 5 minutes.

g) Pétrissez encore une minute après avoir ajouté le sel.

h) pétrir 10-15 minutes sur un plan de travail légèrement fariné avec les mains). Laisser la pâte doubler de volume dans un environnement chaud jusqu'à 2 heures, recouverte d'un film alimentaire huilé.

i) Frappez la pâte plusieurs fois pour la faire tomber, puis coupez-la en 8 morceaux égaux.

j) Étalez la pâte en cercles plats, en perçant des trous au milieu pour fournir une trempette pour la garniture, et placez-la sur une plaque à pâtisserie farinée.

k) Lorsque toutes les formes sont terminées, couvrir sans serrer avec du film alimentaire ou un torchon humide. Laisser encore 20 minutes de temps de montée jusqu'à ce qu'ils soient gonflés et ronds.

l) Faire la garniture pendant que la pâte lève. Hachez finement l'oignon blanchi et placez-le dans une petite casserole avec l'huile. Frire jusqu'à ce qu'il soit fondu et doré, puis ajouter le sel de mer fumé et le paprika, en remuant constamment. Cuire encore quelques minutes, puis ajouter les graines de pavot et une pincée de poivre noir. Frais

m) Préchauffez le four à 220 degrés Celsius/ventilateur 200 degrés Celsius/gaz 7. Lorsque les petits pains sont prêts à cuire, placez environ 1 cuillère à soupe d'oignons au centre de chacun et garnissez de graines de pavot et de graines de sésame.

n) Placez un moule profond renversé sur les rouleaux et placez un poids allant au four dessus - un grand plat allant au four ou même un bloc.

o) Cuire au four pendant 15 minutes, puis retirer le moule et poursuivre la cuisson pendant encore 5 à 8 minutes, jusqu'à ce que les rouleaux soient légèrement dorés.

## 26. Beignet à la Noix de Coco

Pour : 4

**Ingrédients:**

- 1 1/3 tasse de lait végétal de noix de coco
- 1/3 tasse de sucre
- 2 grosses cuillères à café de levure
- 1/2 cuillère à café de sel
- 1 cuillère à café de vanille
- Quelques shakes de noix de muscade et de cardamome (facultatif)
- 2 3/4 tasses de farine tout usage

**les directions**

a) Dans un grand bol à mélanger, combiner tous les ingrédients sauf la farine.

b) Pétrissez la pâte juste assez pour la rassembler.

c) Couvrir le bol d'une pellicule plastique et laisser lever pendant 2 heures ou jusqu'à ce qu'elle ait doublé.

d) Déposer délicatement la pâte sur une planche farinée. Couper en rondelles après avoir roulé à une épaisseur de 1/2 pouce.

e)  Placer les beignets sur une plaque à biscuits tapissée de papier parchemin qui a été farinée. Couvrir d'une pellicule plastique et laisser reposer encore une heure environ pour lever.

f)  Dans votre friteuse, faites chauffer de l'huile végétale.

g)  Frire pendant 2-3 minutes de chaque côté, puis égoutter sur du papier absorbant pour refroidir avant de garnir.

h)  À l'aide d'une poche à douille et d'une douille à douille, remplir de confiture ou de crème anglaise et rouler dans du sucre en poudre ou granulé. Profitez!

## 27. Escalope de chou-rave

PORTIONS 2 personnes

**Ingrédients:**

- 1 gros chou-rave
- huile de friture
- 1/4 tasse de farine tout usage
- 1/2 tasse d'eau
- 1/2 cuillère à café de poudre de paprika
- 1/2 cuillère à café de sel

**Panure**

- 1/3 tasse de chapelure
- 1/2 cuillère à café de sel
- 1/2 cuillère à café de poudre de paprika
- 1 cuillère à café de graines de citrouille broyées (facultatif)
- 1 cuillère à café de graines de sésame (facultatif)

**les directions**

a) Lavez le chou-rave et retirez les feuilles restantes. le chou-rave doit être coupé en 4 à 6 tranches (environ 1/3 de pouce d'épaisseur). À l'aide d'un épluche-légumes, retirez la couche extérieure.

b) Porter de l'eau à ébullition dans une grande casserole et ajouter les tranches de chou-rave. Prévoyez un temps de cuisson de 10 minutes. Au centre, ils devraient commencer à devenir translucides. Ensuite, égouttez-les, essuyez-les avec du papier absorbant et laissez-les refroidir.

c) Mélanger les ingrédients de la panure dans un bol séparé.

d) Enrober les tranches de chou-rave dans la panure lorsqu'elles sont suffisamment froides pour être manipulées.

e) Faites chauffer l'huile de friture dans une grande poêle (assez pour couvrir le fond) et ajoutez le schnitzel de chou-rave pané. Cuire environ 5 minutes de chaque côté à feu moyen-vif. Des deux côtés, ils doivent être dorés et croustillants.

f) Placez-les sur une serviette en papier pour absorber l'excédent d'huile après la friture et dégustez !

## 28. Crêpes à la levure

Pour : 4

## Ingrédients

- 225 g de farine tout usage
- 240 ml de lait végétal chaud
- 1⅙ cuillères à café de levure à action rapide env. 4g
- 1 cuillères à soupe de sucre
- Pincée de sel
- 5 cuillères à soupe d'huile végétale
- pour la compote
- 1,5 tasse de baies fraîches ou surgelées
- 1 cuillères à soupe de sirop d'érable
- ¼ cuillères à café de pâte ou d'extrait de gousse de vanille

## les directions

a) Préchauffez le four au réglage le plus bas possible.

b) Dans un grand saladier, fouetter la levure et le sucre dans le lait végétal chaud pendant environ 30 secondes.

c) Versez la farine, ajoutez une pincée de sel et remuez pendant 2-3 minutes. Couvrez le bol d'un torchon et placez-le au centre du four pendant 50 à 60 minutes jusqu'à ce qu'il double de volume.

d) Faites chauffer 1 à 2 cuillères à café d'huile dans une grande poêle, puis diminuez le feu et déposez une cuillerée de pâte dans la poêle (sans la surcharger). La pâte va être collante.

e) Faire revenir les pancakes environ 212 minutes de chaque côté à feu doux. Servir tout de suite.

f) Pour préparer la compote de fruits, mélanger les fruits, le sirop d'érable et la vanille dans une casserole et cuire 5 minutes à feu moyen ou jusqu'à ce que les fruits ramollissent et commencent à libérer du jus.

# 29. Apéritif aux prunes

Portions 8 pièces

## Ingrédients

- 10 (350 g) pommes de terre cuites, refroidies et épluchées
- 1/2 tasse de farine d'avoine
- 1/4 tasse de compote de pommes
- 12-14 ou 7-8 Prunes

## les directions

a) Faites cuire les pommes de terre et mettez-les à refroidir.

b) Si vous utilisez de grosses prunes, coupez-les en deux.

c) À l'aide d'un presse-purée, traiter les pommes de terre.

d) Pétrir le riz aux pommes de terre, la farine d'avoine et la compote de pommes jusqu'à l'obtention d'une pâte ferme.

e) Étalez la pâte sur une surface plane et coupez-la en 12 à 14 morceaux ronds de taille égale.

f) Pour les petits cercles, étalez la pâte.

g) Sceller chaque cercle en plaçant une prune/moitié de prune au centre.

h) Dans une grande casserole, porter l'eau à ébullition.

i) Cuire environ 5 minutes une fois qu'ils atteignent la surface de l'eau.

## 30. Crêpes végétaliennes au beurre de prune

Pour : 4

## Ingrédients:

- Canette de 355 ml de soda club
- 1,5 tasse de lait végétal
- 2 cuillères à soupe d'huile de colza
- 2 tasses de farine AP
- pincée de sel
- huile pour graisser le plat
- beurre de prune pour la garniture (ou la confiture)

## les directions

a) Dans un bol à mélanger, fouetter ensemble tous les ingrédients.

b) Préchauffer une poêle à feu vif pendant 2 à 4 minutes ou jusqu'à ce qu'elle soit très chaude. Réduire le feu à moyen-vif après avoir légèrement badigeonné la poêle d'huile.

c) Versez une fine couche de pâte dans le moule et étalez-la uniformément sur le fond. Retournez la crêpe une fois que les bords commencent à se décoller de la poêle et laissez cuire encore une minute ou deux.

d) Transférer les crêpes dans une assiette et laisser refroidir quelques minutes. Couvrez-les d'une petite quantité de beurre de prune ou de confiture de votre choix et roulez-les ou pliez-les en triangle.

# SOUPES ET SALADES

# 31. Soupe de betteraves à l'ukrainienne

Rendement : 6 portions

## Ingrédient

- 4 tomates moyennes
- 4 cuillères à soupe de beurre
- 1 tasse d'oignons ; haché finement
- 2 gousses d'ail, pelées; haché finement
- 1 livre de betteraves, sans feuilles, pelées, grossièrement râpées
- $\frac{1}{2}$ céleri-rave pelé; grossièrement râpé
- 1 racine de persil pelée; grossièrement râpé
- 1 panais pelé; grossièrement râpé
- $\frac{1}{2}$ cuillère à café de sucre
- $\frac{1}{4}$ tasse de vinaigre de vin rouge
- 1 cuillère à soupe de sel
- 2 litres de bouillon de bœuf, frais ou en conserve
- 1 livre de pommes de terre bouillantes, pelées; couper en morceaux de 1 1/2 pouce
- 1 livre de chou, épépiné ; grossièrement râpé

- 1 livre de poitrine bouillie ou 1 livre de jambon bouilli, coupé en morceaux de 1 pouce
- 3 cuillères à soupe de persil; haché finement
- ½ pinte de crème sure

**les directions**

a) Plonger les tomates dans l'eau bouillante pendant 15 secondes. Passez-les sous l'eau froide et épluchez-les. Découpez la tige, puis coupez-les en deux dans le sens de la largeur.

b) Pressez délicatement les moitiés pour en retirer le jus et les pépins puis hachez-les grossièrement et réservez.

c) Dans une poêle ou une casserole de 10 à 12 pouces, faire fondre le beurre à feu modéré, ajouter les oignons et l'ail et, en remuant fréquemment, cuire 6 à 8 minutes, ou jusqu'à ce qu'ils soient tendres et légèrement colorés. Incorporer les betteraves, le céleri-rave, le persil-racine, le panais, la moitié des tomates, le sucre, le vinaigre, le sel et 1½ tasse de bouillon. Porter à ébullition à feu vif, puis couvrir partiellement la casserole et baisser le feu. Laisser mijoter pendant 40 minutes.

d) Pendant ce temps, versez le bouillon restant dans une casserole de 6 à 8 pintes et ajoutez les pommes de terre et le chou. Porter à ébullition, puis laisser mijoter partiellement couvert pendant 20 minutes, ou jusqu'à ce que les pommes de terre soient tendres mais ne se désagrègent pas.

e) Lorsque le mélange de légumes a cuit son temps imparti, l'ajouter à la cocotte avec les tomates restantes et la viande. Laisser mijoter partiellement couvert pendant 10 à 15 minutes, jusqu'à ce que le bortsch soit chaud.

f) Goûtez pour l'assaisonnement. Verser dans une soupière, saupoudrer de persil et servir accompagné de crème sure.

## 32. Concombre ukrainien et bortsch au citron

Rendement : 6 portions

## Ingrédient

- 4 tasses de concombres pelés et épépinés --
- Hachées grossièrement
- Jus de 2 petits citrons
- 1 cuillère à café de substitut de sel aux herbes ou
- Sel de mer
- 1 cuillère à soupe de miel
- 1 tasse de yogourt nature sans gras
- 1 tasse d'eau de source
- 1 tasse de jambon de dinde haché
- 1 grosse tomate - hachée
- Substitut de sel aux herbes et
- Poivre blanc - au goût
- Brins d'aneth frais et aigre
- Crème - pour la garniture

## les directions

a) Placer les concombres, le jus de citron, le substitut de sel, le miel, le yogourt et l'eau dans un mélangeur et réduire en purée jusqu'à consistance très lisse. Ajouter le jambon haché. Verser la soupe dans un grand bol, couvrir d'une pellicule plastique et réfrigérer toute la nuit (8 à 12 heures).

b) Le matin, réduire en purée de tomates et ajouter à la soupe. Goûtez les assaisonnements et ajoutez plus de substitut de sel et de poivre si nécessaire.

c) Servir la soupe dans des bols réfrigérés avec une garniture d'aneth frais et une cuillerée de crème sure.

# 33. Soupe aigre aux cornichons

Pour 5 personnes

**Ingrédients:**

- 6 tasses de bouillon de légumes
- 1 ½ tasse de carottes râpées
- ½ tasse de céleri coupé en dés
- 1 tasse de pommes de terre fraîches pelées, coupées en dés
- 1 tasse de cornichons à l'ail ou à l'aneth, râpés
- Farine, au besoin (environ ¼ tasse)

**les directions**

a) Dans une grande casserole, porter le bouillon à ébullition rapide, puis baisser le feu à doux et laisser mijoter. Laisser mijoter 15 minutes avec les carottes, le céleri et les pommes de terre.

b) Laisser mijoter pendant 30 minutes ou jusqu'à ce que les pommes de terre soient cuites, en ajoutant des cornichons au besoin. Si vous voulez une soupe plus épaisse, faites une pâte à parts égales de farine et d'eau.

c) Versez lentement le lait en remuant constamment jusqu'à ce que la soupe épaississe légèrement.

# 34. Bortsch

Pour 6 personnes

## Ingrédients:

- 2 bottes de betteraves vertes
- ½ tasse d'oignon haché
- 1 livre de tomates étuvées
- 3 cuillères à soupe de jus de citron frais
- ⅓ tasse d'édulcorant granulé végétalien

## les directions

a) Frottez et nettoyez les betteraves, mais laissez les peaux. Gardez les verts en sécurité. Dans une grande casserole, mélanger les betteraves, l'oignon et 3 litres d'eau.

b) Cuire pendant une heure ou jusqu'à ce que les betteraves soient extrêmement tendres. Retirez les betteraves de l'eau, mais NE JETEZ PAS L'EAU. Jeter les oignons.

c) Remettez les betteraves dans l'eau après les avoir hachées finement. Les verts doivent être lavés et hachés avant d'être ajoutés à l'eau. Mélanger les tomates, le jus de citron et l'édulcorant dans un bol à mélanger. Cuire 30 minutes à feu moyen ou jusqu'à ce que les légumes soient tendres.

d) Avant de servir, mettre au frais au moins 2 heures.

## 35. Soupe aux fraises/myrtilles

Pour 4 personnes

**Ingrédients :**

- 1 livre de fraises ou de bleuets frais, bien nettoyés
- 1 ¼ tasse d'eau
- 3 cuillères à soupe d'édulcorant granulé végétalien
- 1 cuillère à soupe de jus de citron frais
- ½ tasse de crème à café de soja ou de riz
- Facultatif : 2 tasses de nouilles cuites et refroidies

**les directions**

a) Dans une casserole moyenne, mélanger les fruits avec l'eau et porter à ébullition rapide.

b) Réduire le feu à doux, couvrir et cuire pendant 20 minutes ou jusqu'à ce que les fruits soient très tendres.

c) Passer au mélangeur jusqu'à consistance lisse. Remettre la purée dans la casserole et incorporer le sucre, le jus de citron et la crème. Laisser mijoter 5 minutes après avoir remué.

d) Avant de servir, réfrigérez la soupe pendant au moins 2 heures.

e) Cette soupe est traditionnellement servie seule ou avec des nouilles froides.

# 36. Soupe aux choux

Pour 6 personnes

**Ingrédients:**

- 2 cuillères à soupe de margarine
- 2 tasses de chou vert râpé
- ½ cuillère à café de poivre noir
- 3 tasses d'eau
- 2 tasses de pommes de terre pelées et coupées en dés
- ½ tasse de tomates fraîches hachées

**les directions**

a) Dans une marmite, faire fondre la margarine.

b) Ajouter le chou et le poivre et cuire environ 7 minutes, ou jusqu'à ce que le chou soit doré.

c) Ajouter les pommes de terre, les tomates et l'eau; couvrir et faire bouillir pendant 20 minutes ou jusqu'à ce que les pommes de terre soient cuites.

# 37. Chou rouge aigre-doux

Pour 5 personnes

**Ingrédients:**

- 3 tasses de chou rouge râpé
- $\frac{1}{2}$ tasse de pomme acidulée pelée et hachée, comme la Granny Smith
- 2 tasses d'eau bouillante
- 1 cuillère à soupe de concentré de jus de pomme
- $\frac{1}{2}$ cuillère à café de piment de la Jamaïque moulu
- 4 cuillères à soupe de vinaigre

**les directions**

a) Dans une grande casserole, combiner tous les ingrédients.

b) Porter à ébullition rapidement, puis baisser le feu à doux et cuire jusqu'à ce que le chou soit tendre, environ 20 minutes.

# 38. Chou rouge braisé aux framboises

Donne : 5-6 portions

**Ingrédients:**

- 6 tasses de chou rouge finement tranché
- 8 onces. / 225 g de framboises fraîches ou surgelées
- 4 cuillères à soupe de beurre de coco
- 3 cuillères à soupe de farine tout usage
- 6 baies de genièvre
- 1/4 cuillères à café de piment de la Jamaïque moulu
- 6-8 grains de poivre entiers
- 2 feuilles de laurier
- 2 cuillères à soupe de vinaigre
- 1 1/2 tasse d'eau + une autre 1/2 si besoin
- 1/2 tasse de vin rouge sec
- Sel et sucre au goût

**les directions**

a) Trancher finement le chou (utiliser un robot culinaire pour une tranche uniforme et fine).

b) Dans une grande casserole, faire fondre le beurre de coco. Ajouter les baies de genévrier, les épices, les grains de poivre et les feuilles de laurier pendant que le beurre de coco fond. Lorsqu'il est complètement fondu, ajouter la farine et mélanger jusqu'à consistance lisse.

c) Ajouter le chou, les framboises, le vinaigre, le vin rouge, 1 1/2 tasse d'eau et 1 cuillère à café de sel. Bien mélanger, couvrir et laisser mijoter environ 10 minutes à feu moyen-doux.

d) Goûter après avoir remué. Si la sauce n'est pas assez sucrée, ajouter 1 cuillère à café de sucre et ajuster le sel au besoin.

e) Cuire encore 10 à 20 minutes ou jusqu'à ce que les saveurs se soient fondues.

# 39. Soupe aux légumes

Pour : 4

**Ingrédients:**

- soupe de légumes (2 carottes, ½ céleri rave, 1 poireau, persil frais)
- 100 g (1 tasse) de bouquets de chou-fleur
- ½ tasse (50 g) de maïs cuit
- sel et poivre
- facultatif : bouillon cube, oignon

**les directions**

a) Porter à ébullition 2 pintes (2 litres) d'eau dans une grande casserole.

b) Couper les carottes, le céleri-rave et le poireau en tranches de 1/4 po (6 mm). Réduire le feu à doux et ajouter les légumes tranchés, les bouquets de chou-fleur et le maïs à l'eau bouillante.

c) Saler et poivrer au goût et laisser mijoter environ 40 minutes à feu moyen.

d) Garnir de bouquets de persil coupés en dés.

## 40. Soupe à la tomate

Pour : 4

**Ingrédients :**

- bouillon de 2 pintes
- 2 cuillères à soupe de crème de coco
- 1 cuillères à soupe de farine
- 5 onces. (150 ml) pâte de tomate
- sel et poivre
- Aneth

**les directions**

a) Filtrer le bouillon de légumes à soupe (2 carottes, 12 oignons, 12 céleri rave, 1 poireau, plusieurs tiges de persil) et garder le liquide.

b) Mélanger la crème de coco avec la farine, puis l'ajouter au bouillon avec le concentré de tomate.

c) Porter à ébullition à feu vif, assaisonner de sel et de poivre et garnir d'aneth.

d) Pour rendre la soupe plus consistante, vous pouvez ajouter du riz ou des nouilles.

# 41. Soupe aux cornichons

Pour : 4

**Ingrédients:**

- 3 pommes de terre
- 1 cube de bouillon
- 1 cuillères à soupe de beurre de noix de coco
- 2 gros cornichons, finement coupés en dés
- 1 tasse (250 ml) de jus de cornichon
- 2 cuillères à soupe de crème de coco
- 1 cuillères à soupe de farine
- sel
- Aneth

les directions

a) Épluchez et coupez les pommes de terre en cubes d'un demi-pouce (1,3 cm), puis faites-les bouillir avec le cube de bouillon et le beurre de coco dans 2 litres (2 litres) d'eau.

b) Ajouter les cornichons finement tranchés et le jus de cornichon après environ 20 minutes, lorsque les pommes de terre commencent à ramollir.

c) Mélangez la crème de coco et la farine dans un bol séparé, puis ajoutez progressivement 3 cuillères à soupe du bouillon qui mijote sur le feu. Remettez ensuite le mélange dans la soupe et portez à nouveau à ébullition.

d) Ajoutez du sel et de l'aneth coupé en dés au goût (mais goûtez d'abord la soupe pour vous assurer que le jus de cornichon n'est pas trop puissant).

e) Le riz peut être utilisé à la place des pommes de terre. Lorsque la soupe est cuite, sautez l'étape 1 et ajoutez 3 tasses de riz cuit.

# 42. Soupe de seigle aigre

Pour : 2

**Ingrédients:**

- 2 pintes. bouillon
- 2 tasses de farine de seigle aigre
- 2 cuillères à soupe de farine
- sel
- 2 gousses d'ail
- facultatif : champignons

**les directions**

a) Faire bouillir les légumes à soupe dans 2 litres d'eau pour faire du bouillon. Vous pouvez également ajouter quelques champignons hachés si vous le souhaitez.

b) Passez la soupe dans une passoire en réservant le liquide et ajoutez le mélange et la farine au bouillon lorsque les légumes sont tendres (environ 40 minutes).

c) Vous pouvez assaisonner au goût avec du sel.

d) Ajouter l'ail au bouillon, finement râpé ou coupé en dés.

# 43. Soupe de betterave froide

Pour : 2

**Ingrédients:**

- 1 botte de betteraves
- 1 concombre
- 3-5 radis
- aneth
- ciboulette
- 1 litre de yaourt végétal nature
- sel et poivre
- du sucre
- facultatif : jus de citron

**les directions**

a) Retirez les betteraves du bouquet, coupez finement les tiges et les feuilles de betterave et laissez mijoter environ 40 minutes dans une petite quantité d'eau jusqu'à ce qu'elles soient tendres. Laisser refroidir avant de servir.

b) Le concombre, les radis, l'aneth et la ciboulette doivent tous être finement hachés. Combinez ces ingrédients, ainsi que le mélange de betteraves, dans le yaourt végétal et mélangez bien.

c) Au goût, assaisonner avec du sel, du poivre, du sucre et du jus de citron si désiré. Mixez ou réduisez la soupe en purée si vous voulez une texture plus lisse.

d) Servir frais avec des dés d'aneth sur le dessus.

e) Cette soupe est traditionnellement préparée uniquement avec les tiges et les feuilles de la plante de betterave. Vous pouvez cependant n'utiliser que les betteraves. 1 livre de betteraves cuites, finement râpées et combinées avec le reste des ingrédients

# 44. Soupe de fruits

Pour : 4

**Ingrédients:**

- 1 cuillères à soupe de farine de pomme de terre
- 1 tasse (250 ml) de bouillon, réfrigéré
- 3 pommes
- 8 onces. (250 g) de prunes ou de cerises
- ⅓-½ tasse (75-115 g) de sucre

**les directions**

a) Pour produire une bouillie, mélanger la moitié du bouillon froid avec la farine.

b) Faites bouillir les pommes, les prunes ou les cerises dans 1½ pintes (1½ litres) d'eau après les avoir épluchées. Lorsque le fruit est tendre, râpez-le sur une râpe fine ou réduisez-le en purée avec l'eau dans un mixeur, et assaisonnez avec du sucre au goût.

c) Mélanger la farine et la bouillie de bouillon dans un bol à mélanger.

d) Incorporer le mélange de bouillon jusqu'à ce que tout soit bien mélangé.

## 45. Soupe de pomme de terre

Pour : 4

## Ingrédients:

- 1½ litre de bouillon de légumes
- 2 oignons
- 2 poireaux
- 5 gousses d'ail
- 3 cuillères à soupe d'huile d'olive
- 4 pommes de terre
- herbes : laurier, thym, ciboulette
- sel et poivre

## les directions

a) Coupez finement les oignons et les poireaux, puis coupez-les en rondelles de 6 mm et faites-les revenir dans l'huile d'olive avec les gousses d'ail tranchées.

b) Cubez les pommes de terre après les avoir nettoyées, épluchées et nettoyées.

c) Ajouter les pommes de terre, les herbes, le sel et le poivre lorsque les oignons et les poireaux sont brun moyen. Remuer quelques instants, puis couvrir avec le bouillon et cuire environ 30 minutes à feu doux, jusqu'à ce que les pommes de terre soient tendres.

d) Une fois la soupe refroidie, réduisez-la en purée dans un mélangeur jusqu'à consistance lisse. Assaisonnez avec du sel et du poivre selon votre goût.

## 46. Soupe au citron

Pour : 4

## Ingrédients:

- bouillon de 2 pintes, ou bouillon
- ½ à 1 tasse (95 à 190 g) de riz blanc
- 2 citrons
- sel et poivre
- facultatif : ½ tasse de crème de noix de coco

## les directions

a) Préparez un bouillon avec 2 litres d'eau et une soupe de légumes ou de bouillon (2 carottes, 12 oignons, 1 céleri, 1 poireau, plusieurs tiges de persil).

b) Cuire le riz dans le bouillon ou le liquide de bouillon jusqu'à ce qu'il soit pâteux, environ 25 minutes.

c) Épluchez 1 citron, coupez-le en fines tranches et mélangez-le avec un peu de sel dans le riz bouillant.

d) Continuez à remuer la soupe pendant que vous ajoutez le jus de citron restant.

e) Cuire quelques minutes à feu doux en assaisonnant de sel et de poivre au goût.

# 47. soupe d'aspèrges

Portions : 4 à 6 personnes

**Ingrédients:**

- 1 lb (450 g) d'asperges blanches
- soupe de légumes (2 carottes, 1 poireau, ½ céleri rave, persil frais)
- 2 cuillères à soupe de beurre de coco
- ¼ tasse (30 g) de farine
- sel et sucre
- ½ tasse (125 ml) de crème de noix de coco

**les directions**

a) Épluchez la peau des asperges et nettoyez les asperges. Cuire les tiges d'asperges et les ingrédients de la soupe jusqu'à tendreté dans une casserole avec 2 pintes (2 l) d'eau. Le liquide du bouillon doit être conservé.

b) Cuire séparément les têtes d'asperges dans un peu d'eau.

c) Mixez les tiges d'asperges et râpez-les finement.

d) Mélanger la purée d'asperges avec le bouillon de soupe.

e) Dans une poêle, faire fondre le beurre de coco et incorporer la farine pour obtenir un roux à feu doux. Ajouter les têtes d'asperges cuites, saler et poivrer à la soupe pendant la cuisson.

f) Servir avec des croûtons et une cuillerée de crème de noix de coco à la fin.

## 48. Salade de betteraves

Pour : 2

### Ingrédients:

- 4 betteraves
- 2 cuillères à soupe de raifort
- 1 cuillères à café de sucre
- ⅓ tasse (80 ml) de vinaigre de vin
- persil
- sel et poivre

### les directions

a) Nettoyez les betteraves et faites-les bouillir dans l'eau pendant environ 30 minutes, ou jusqu'à ce qu'elles soient tendres. Quand ils sont refroidis, sortez-les et épluchez-les.

b) À l'aide des fentes de râpage moyennes, râpez les betteraves.

c) Faire une sauce avec le raifort, le sucre, le vinaigre, le persil, le sel et le poivre, puis mélanger avec les betteraves à la fourchette.

d) Pour refroidir, placez au réfrigérateur pendant environ 2 heures.

e) Un oignon peut être utilisé à la place du raifort.

f) Dans 1 cuillère à soupe d'huile d'olive, faire revenir légèrement 1 oignon coupé en dés. Mélangez l'huile d'olive et les épices, puis ajoutez la sauce et l'oignon aux betteraves et mélangez.

# 49. Salade de céleri et orange

Pour : 4

**Ingrédients:**

- 1 gros céleri rave
- 1 orange ou 2 mandarines
- ⅓ tasse (25 g) de noix hachées finement
- ½ tasse (125 ml) de crème de noix de coco
- sel
- facultatif : ⅓ tasse (25 g) de raisins secs

**les directions**

a) À l'aide des fentes de râpage moyennes, râpez le céleri-rave.

b) Pelez les oranges ou les mandarines et coupez-les en morceaux de 6 mm.

c) Mélanger le céleri, les oranges et les noix avec une fourchette, puis ajouter la crème de noix de coco.

d) Ajouter une pincée de sel au goût. Vous pouvez ajouter des raisins secs si vous le souhaitez.

# 50. Salade de légumes

Pour : 4

**Ingrédients :**

5 carottes bouillies

2 racines de persil bouillies

5 pommes de terre bouillies (facultatif)

1 petit céleri-rave bouilli (environ 15 jours)

5 concombres marinés

2 pommes

1 petite boîte de maïs (facultatif)

1 boîte de petits pois

1 cuillère à soupe de moutarde

sel, poivre, persil, aneth

les directions

Rincez et faites cuire les légumes sans les éplucher (chacun individuellement); refroidir et peler.

Retirez le cœur des pommes et épluchez-les.

Coupez les légumes, les cornichons et les pommes en petits carrés avec un couteau bien aiguisé. Les oignons verts doivent être hachés et les pois doivent être égouttés. Assaisonnez avec du sel et du poivre.

Saupoudrer de persil et d'aneth sur la salade. Comptez une heure pour la préparation.

Garnir

## 51. Concombres à la crème de coco

Pour : 2

**Ingrédients:**
- 1 gros concombre avec ou sans pépins, tranché finement
- 1 oignon finement tranché et séparé en rondelles
- 1/2 tasse de crème de noix de coco
- 1 cuillère à café de sucre
- 2 cuillères à café de vinaigre blanc (facultatif)
- 1 cuillère à soupe d'aneth frais haché
- sel et poivre

**les directions**

a) Mélanger la crème de coco, le vinaigre, le sucre et le poivre dans un bol de service.

b) Ajouter les concombres et l'oignon et remuer pour combiner.

## 52. Soupe de chou-rave

Portions : 6 portions

**Ingrédients**

- 1 chou-rave pelé, coupé en cubes, utilisez également les feuilles
- 1 oignon moyen finement haché
- 1 carotte moyenne pelée, coupée en cubes
- 2 pommes de terre moyennes pelées, coupées en cubes
- 2 cuillères à soupe de persil et d'aneth chacun, hachés finement
- 1 l de bouillon de légumes chaud
- 1 cuillère à soupe d'huile et de beurre chacun
- Sel de mer et poivre au goût
- 1 cuillères à soupe de fécule de maïs plus 2 cuillères à soupe d'eau chaude

**les directions**

a) Pelez et coupez grossièrement les feuilles de chou-rave en jetant les tiges. Couper le chou-rave, les carottes et les pommes de terre en cubes.

b) Chauffer 1 cuillère à soupe d'huile dans une grande casserole, puis ajouter l'oignon et laisser mijoter pendant 3 minutes, ou jusqu'à ce qu'il ramollisse. Cuire quelques minutes en remuant fréquemment avec le reste des légumes et le persil.

c) Ajouter le bouillon de légumes, poivrer pour assaisonner, remuer, couvrir et porter à ébullition, puis réduire à feu doux et cuire, en remuant périodiquement, pendant environ 30 minutes ou jusqu'à ce que les légumes soient tendres.

d) Ajouter l'aneth haché et laisser mijoter 3 minutes de plus. Vous pouvez épaissir la soupe à ce stade (bien que vous n'ayez pas à le faire). Pour ce faire, mélanger 2 cuillères à soupe d'eau chaude avec de la fécule de maïs, puis incorporer à la soupe et cuire 3 minutes.

e) Retirer du feu, assaisonner au goût et incorporer une cuillère à soupe de beurre avant de servir.

## 53. Soupe ukrainienne aux haricots

Rendement : 10 portions

## Ingrédient

- 1 livre de haricots blancs, séchés
- 1½ livre de choucroute
- ¾ livres de porc salé
- 4 pommes de terre, en cubes
- ½ tasse d'huile végétale
- 1½ cuillère à soupe Farine
- 1 oignon, lg. haché grossièrement
- 1 cuillère à café de sel
- 1 cuillère à café de poivre noir
- 4 feuilles de laurier
- 3 gousses d'ail, hachées
- 2 cuillères à soupe de grains de poivre
- ½ tasse de yogourt, nature
- 1 chaque Carotte, lg. haché

a)  Faire tremper les haricots pendant une nuit. Cuire la viande, les pommes de terre, les haricots et la choucroute séparément.

b)  Dès qu'elle est cuite, désosser la viande et la couper en cubes de $\frac{1}{2}$". Couper les pommes de terre en dés. Écraser les haricots.

c)  Faire un roux avec l'huile, la farine et l'oignon. Mettez la viande et les légumes dans une casserole, ajoutez le roux et les feuilles de laurier.

d)  Couvrir avec le bouillon et cuire 10 minutes de plus.

# PLAT PRINCIPAL

# 54. Gefullte poisson d'Ukraine

Rendement : 36 portions

**Ingrédient**

**Stocker**

- 4 branches de céleri -- coupées en tranches de 4 pouces
- 2 oignons -- coupés en quartiers
- 1 poivron vert - coupé en morceaux
- 3 carottes -- coupées en deux
- 8 tasses d'eau
- Arêtes de poisson et têtes
- 1 cuillère à soupe de poivre fraîchement moulu
- 12 brins de persil
- 2 cuillères à café de sucre
- 1 feuille de laurier en option

**Poisson**

- 4 livres de brochet
- 1 livre de corégone
- 1 livre de carpe

- 1 cuillère à soupe de sel
- 2 oignons moyens - finement râpés
- 6 gros œufs
- 1 cuillère à soupe d'huile végétale
- 1 cuillère à café de sucre
- ½ tasse de farine de Matzah

**les directions**

a) Mettre tous les ingrédients du bouillon dans une grande marmite avec un couvercle. porter à ébullition, puis couvrir et réduire le feu pour laisser mijoter.

b) En attendant que la marmite bout, commencez à préparer le poisson. Dans un bol en bois. ajouter au poisson haché tous les ingrédients énumérés sous poisson, en hachant et en mélangeant soigneusement.

c) Mouiller les mains et façonner le mélange de poisson en galettes grasses de forme ovale, en glissant soigneusement chacune dans le bouillon frémissant. Cuire lentement pendant 2 heures.

## 55. Poulet à l'aneth ukrainien

Rendement : 4 portions

**Ingrédient**
- 1 Coupe de poulet à griller
- En pièces de service
- ½ tasse de farine
- 1 cuillère à café de sel
- ½ cuillère à café de poivre
- 3 cuillères à soupe de beurre ou de margarine
- 1 tasse d'eau
- 1 petit oignon, haché
- 1 gousse d'ail, hachée
- 2 cuillères à soupe de farine
- 1 tasse de crème sure ou de crème douce
- 1 cuillère à café d'aneth haché

**les directions**

a) Mélanger la farine, le sel et le poivre dans un sac en plastique. Ajouter les morceaux de poulet un à la fois et secouer. Faire dorer doucement les morceaux de poulet farinés dans du beurre dans une poêle.

b) Ajouter l'eau, l'oignon et l'ail et cuire à feu doux pendant 40 minutes. Mélanger la farine avec la crème. Ajouter l'aneth et mélanger au poulet.

c) Bien chauffer mais ne pas faire bouillir. Servir avec des pommes de terre nouvelles bouillies, du riz ou des nouilles.

## 56. Ragoût ukrainien de viande et de poisson

Rendement : 10 portions

**Ingrédient**
- ½ livre de bœuf haché
- ½ livre d'agneau haché
- ½ livre de hareng, frais, coupé en cubes,
- Écorché et désossé
- ½ tasse de yaourt nature
- 4 cuillères à soupe de beurre
- 4 oeufs, séparés
- 1 gousse d'ail émincée
- 1 oignon lg. haché
- 4 pommes de terre pelées et bouillies
- ½ cuillère à café de sel
- ½ cuillère à café de poivre noir
- 2 cuillères à soupe de fromage de chèvre ‹Feta› émietté
- 3 cuillères à soupe de chapelure
- 4 cuillères à soupe de carottes râpées

**les directions**

a) Mettez 1 litre de lait dans un bol et faites-y tremper le hareng pendant 8 à 12 heures.

b) Pat sécher en s'assurant d'enlever tous les os. Faire revenir les oignons et l'ail dans 2 cuillères à soupe de beurre jusqu'à ce qu'ils soient dorés. Poêler les viandes hachées et les placer dans un robot culinaire. Ajouter l'oignon, le hareng à l'ail et les pommes de terre. Hacher jusqu'à l'obtention d'un mélange lisse. Incorporer le yaourt et les jaunes d'œufs. Ajouter les épices.

c) Préchauffer le four à 400 degrés F. et beurrer un grand plat allant au four. Ajouter les carottes râpées à ce stade.
d) Battez les blancs d'œufs jusqu'à ce qu'ils soient assez fermes mais pas secs, puis ajoutez-les au mélange. Verser le mélange dans le plat à gratin beurré.
e) Saupoudrer de chapelure et de Feta de chèvre, parsemer du reste de beurre, puis enfourner pendant 45 minutes. Servir chaud.

## 57. Rôti de pot ukrainien

Rendement : 6 portions

**Ingrédient**
- 1 tasse de crème sure ou de yogourt nature
- 1 oignon lg. découpé en tranches
- 1 carotte tranchée
- $3\frac{1}{2}$ livres de braisé
- 4 tranches de porc salé
- 2 cuillères à soupe d'oignons verts hachés
- $\frac{3}{4}$ tasse de vin rouge bourguignon
- Sel et poivre au goût
- $\frac{1}{2}$ tasse de champignons frais tranchés
- 2 pommes de terre, en cubes 1/2"
- 1 cuillère à café de vinaigre

**les directions**

a) Déposer les tranches de porc salé au fond d'une rôtissoire. Mélangez ensuite les oignons verts, les tranches de carottes, les cubes de pommes de terre et l'oignon, puis placez-les en couche épaisse sur le porc salé. Frotter le braisé avec le sel et le poivre à votre convenance puis le faire dorer sur toutes ses faces. Retirer de la poêle et placer dans la rôtissoire. Ajouter le vin et la crème sure. Assurez-vous que la crème sure est à température ambiante ou elle durcira la viande.
b) Placer le couvercle de la rôtissoire sur la rôtissoire et cuire au four à 350 degrés F pendant 2 heures et demie. Dégraisser les jus après avoir retiré le rôti.
c) Épaissir avec la farine, ajouter le vinaigre et porter à ébullition. Filtrer la sauce et servir sur la viande tranchée.

## 58. Rouleaux de chou ukrainiens au millet

Rendement : 4 portions

**Ingrédient**

- 2 kilogrammes de chou
- 250 millilitres de millet
- 50 grammes de porc salé
- 2 carottes
- 1 oignon
- 2 cuillères à soupe de farine
- 4 cuillères à soupe de concentré de tomate
- 8 cuillères à soupe de crème sure
- 2 cuillères à soupe de beurre
- 2 tasses d'eau; ou bouillon au besoin
- Piments
- Sel; goûter

**les directions**

a) Versez de l'eau bouillante sur une tête de chou sans la tige.

b) Séparez les feuilles de la tête et coupez les nervures. Couper les oignons et les carottes en petits dés (la julienne fonctionnera sur les carottes) et faire revenir jusqu'à ce que les oignons commencent à dorer. Lavez bien le millet, couvrez d'eau et portez à ébullition. Filtrez et mélangez avec le porc salé haché, le mélange carottes/oignons, les poivrons, le sel et les œufs crus. Mélangez soigneusement avec vos mains, puis placez des portions du mélange sur les feuilles de chou, roulez fermement et rentrez les extrémités.

c) Lorsque vous avez fini de rouler les rouleaux de chou, mettez-les dans un four hollandais et ajoutez la vinaigrette à la crème sure, faites bouillir à fond, égouttez, salez et servez.

d) VINAIGRETTE À LA CRÈME SURE : Faire dorer la farine dans le beurre. Ajouter la pâte de tomate et la crème sure et un peu de bouillon de millet.

e) ALTERNATIVE : Mettez les rouleaux de chou dans un grand plat allant au four, préparez la vinaigrette à la crème sure sans la diluer, couvrez les rouleaux et faites cuire à 325 o pendant environ une heure.

# 59. Stroganoff de boeuf ukrainien

Rendement : 6 portions

**Ingrédient**

- 3 livres de pointes de filet mignon
- 1 tasse d'oignon finement haché
- 4 cuillères à soupe de beurre non salé
- 1½ livres Champignons petits 1/2" ou moins
- ⅔ tasse de crème épaisse
- ¾ tasse de crème sure ou de yogourt nature
- 2¼ cuillères à café de moutarde de Dijon
- 2 cuillères à soupe d'aneth frais, haché fin
- 1½ cuillère à soupe de persil frais
- ⅔ tasse de bouillon de boeuf
- Sel et poivre au goût
- 2¾ cuillère à café de farine

**les directions**

a) Trancher le bœuf en fines lanières d'env. 1½" - 2" de longueur.

b) Chauffez une grande poêle en fonte à feu vif et ajoutez la viande quelques-unes à la fois pour saisir la viande. Retirer la viande du feu et réserver.

c) Réduire le feu de la poêle à feu moyen et faire fondre le beurre.

d) Ajouter l'oignon, faire revenir jusqu'à ce qu'il soit tendre ‹ env. 4-5 minutes›. Augmentez le feu à moyen-élevé, ajoutez les champignons, faites sauter; remuer fréquemment, cuire 15 à 20 minutes. Baisser le feu à moyen-doux saupoudrer de farine, bien mélanger pendant 1 à 3 minutes. Incorporer le bouillon, la crème, la crème sure et la moutarde.

e) Couvrir, réduire le feu à doux et laisser mijoter pendant 5 à 7 minutes. NE PAS LAISSER BOUILLIR ! Remettre la viande dans la poêle, mélanger avec la sauce, incorporer l'aneth et le persil et servir.

## 60. Bigo végétarien

Sert : 12

**Ingrédients:**

- 1c de champignons séchés
- 2 oignons moyens, hachés
- 2 cuillères à soupe d'huile
- 8-10 onces. / 250 g de champignons de Paris frais
- 1/2 cuillères à café de sel
- 1/4 - 1/2 cuillères à café de poivre moulu
- 5 - 6 grains de poivre et baies de piment de la Jamaïque
- 2 feuilles de laurier
- 1 carotte
- 15 pruneaux
- 1 cuillères à café de cumin
- 1 cuillère à soupe de paprika fumé
- 3 cuillères à soupe de pâte de tomate
- 1 c de vin rouge sec
- 1 tête de chou moyen

**les directions**

a) Faire tremper les champignons séchés dans l'eau pendant au moins une heure.

b) Faire chauffer l'huile dans une grande marmite et faire revenir l'oignon haché. Nettoyez et émincez les champignons, puis ajoutez-les aux oignons une fois qu'ils ont commencé à dorer sur les bords. Continuez à faire sauter avec du sel, du poivre concassé, des grains de poivre, du piment de la Jamaïque et des feuilles de laurier.

c) Les carottes doivent être pelées et râpées. Verser dans la marmite.

d) Incorporer les pruneaux en quartiers, le cumin, le paprika fumé, la pâte de tomate et le vin.

e) Le chou doit être coupé en quartiers et tranché. Mélangez le tout dans la marmite.

f) Couvrir et cuire le chou jusqu'à ce qu'il ait légèrement réduit de volume. Cuire encore 10 minutes ou jusqu'à ce que le chou soit tendre.

## 61. Raviolis Ukrainiens

Donne : 25 boulettes

## Ingrédients

- 6 à 7 pommes de terre moyennes, épluchées
- 1 cuillère à soupe rase de sel
- 120 g de fécule de pomme de terre, au besoin

## Les directions:

a) Faire bouillir les pommes de terre jusqu'à ce qu'elles soient tendres dans de l'eau salée. Égoutter et écraser avec un pilon à pommes de terre jusqu'à consistance lisse. Pour faire une couche uniforme de pommes de terre au fond de la casserole, appuyez avec vos mains.

b) À l'aide d'un couteau, couper la couche de pommes de terre en quatre moitiés égales. Retirez un composant et répartissez-le uniformément entre les trois autres. Seul un quart de la casserole sera utilisé.

c) Ajouter suffisamment de farine de pomme de terre pour remplir le quart vide au même niveau que la couche de pommes de terre. La couche de farine doit être lissée.

d) Porter de l'eau à ébullition dans une grande casserole.

e) Avec vos mains, faites des petites boules de la taille d'une noix. Aplatissez légèrement et utilisez votre pouce pour faire un trou au milieu.

f) Ajouter quelques boulettes à l'eau bouillante, en faisant attention de ne pas surcharger la casserole. Remuer avec une cuillère en bois pour les empêcher de coller au fond de la casserole et cuire jusqu'à ce qu'ils flottent à la surface. À l'aide d'une écumoire, retirer le poulet et servir avec de la sauce ou de la crème.

## 62. Sandwichs au caillé sucré

Donne 3-4 sandwichs

## Ingrédients

- pain frais ou petits pains
- Portion de 200 g de fromage blanc végétalien
- confiture, sauce aux canneberges, sirop d'érable ou liqueur de chocolat
- Pincée de sucre
- quelques cuillères à café de lait végétal

## les directions

a) Les tranches ou les morceaux de fromage blanc doivent être placés sur du pain frais ou des petits pains.

b) Saupoudrer le sucre sur chaque sandwich.

c) Saupoudrer de sucre et quelques gouttes de lait végétal à l'aide d'une cuillère à café.

d) Réchauffez les sandwichs au micro-ondes ou faites-les cuire au four. Maintenez la position pendant quelques secondes, jusqu'à ce que le fromage et le pain soient chauds mais pas brûlants. Retirez les sandwichs de l'équation.

e) Déposer une quantité de confiture sur chaque sandwich.

## 63. Riz aux pommes

Sert : 6-8

**Ingrédients**

- 2 tasses de riz
- 4 tasses de lait végétal
- 1/2 cuillères à café de sel
- 4 pommes aigres
- 1/4 cuillères à café de muscade moulue
- 2 cuillères à soupe de sucre
- 1/12 cuillères à café de cannelle
- 1 cuillères à café de vanille
- 2 cuillères à café + 2 cuillères à café de beurre de coco

**les directions**

a) Dans une casserole moyenne, faire chauffer le lait végétal avec du sel. Ajouter le riz lavé et cuire à feu doux jusqu'à ce qu'il soit cuit.

b) Continuez à remuer le riz. Ne le grattez que s'il colle au fond. Continuez à remuer doucement jusqu'à ce que le riz soit cuit.

c) Préchauffer le four à 350 degrés Fahrenheit (180 degrés Celsius).

d) Râpez les pommes dans un broyeur à légumes après les avoir épluchées et évidées. Cuire jusqu'à évaporation du liquide dans une poêle sèche avec la muscade.

e) Ajouter le sucre, la cannelle et la vanille au riz cuit. Bien mélanger le tout.

f) Graisser un moule de 8 × 8 pouces (20 × 20 cm) avec du beurre de noix de coco. La moitié du riz doit aller au fond de la casserole, suivie de toutes les pommes et du riz restant. De fines tranches de beurre de noix de coco sont placées sur le dessus.

g) Cuire pendant 20 minutes. Servir chaud ou frais.

## 64. Nouilles et boulettes

Portions : 16 portions

**Ingrédients**

- 2 paquets de levure sèche
- 4 cuillères à café de sucre
- 1 tasse plus 2 cuillères à soupe de lait végétal chaud
- 1 livre de farine tout usage
- 1 cuillère à café de sel
- 3 cuillères à soupe de beurre de noix de coco, fondu

## les directions

a) Faire une éponge dans un petit bol en dissolvant la levure et le sucre dans du lait végétal et en mélangeant 1/2 tasse de farine.

b) Mélanger le reste de la farine, du sel et du mélange de levure dans un grand bassin à mélanger. Mélanger pendant environ 5 minutes à la main ou à la machine, ou jusqu'à ce qu'il se boursoufle et se décolle du côté du bol. Incorporer soigneusement le beurre de noix de coco fondu refroidi.

c) Laisser lever jusqu'à ce qu'elle ait doublé de volume. Démoulez sur une surface farinée et pétrissez en farine supplémentaire si la pâte est trop collante. Couper avec un cutter de 3 pouces ou un verre après avoir tapoté jusqu'à une épaisseur de 1 pouce. Les chutes peuvent être re-roulées et coupées une seconde fois. Laisser lever jusqu'au double de volume.

d) Remplissez deux grands pots aux 3/4 d'eau en attendant. Attachez un cercle de sac de farine ou d'un autre matériau non pelucheux sur le dessus des pots avec de la ficelle de boucher et portez l'eau à ébullition. Placez autant de boulettes que possible dans le récipient.

e) Faire cuire les boulettes à la vapeur pendant 15 minutes avec le couvercle sur le dessus de la casserole. Les boulettes s'effondreront si le couvercle est soulevé pendant le processus de cuisson à la vapeur.

f) Vous pouvez également placer un écran anti-éclaboussures sur le dessus du pot, ajouter autant de boulettes que possible sans les toucher, puis couvrir avec un bol en plastique résistant à la chaleur qui a été inversé.

g) Mettre les boulettes à refroidir sur une grille. Congelez ou conservez les dumplings dans un sac à fermeture éclair au réfrigérateur.

## 65. Nouilles et fromage végétalien

Pour : 4

## Ingrédients

- 2 tasses de pâtes végétaliennes
- 7 onces. / 200g de fromage blanc végétalien
- 4 cuillères à soupe de crème de coco
- 2 cuillères à soupe de beurre de noix de coco
- 2-4 cuillères à soupe de sirop d'érable
- Pincée de cannelle (facultatif)

**les directions**

a) Suivez les instructions sur l'emballage pour la cuisson des nouilles.

b) Mélanger les nouilles avec le beurre de noix de coco après les avoir égouttées.

c) Assemblez les assiettes à spaghetti.

d) Ajouter les miettes de fromage aux nouilles.

e) Appliquez une couche de crème de noix de coco sur le dessus.

f) Arroser le dessus de sirop d'érable. Vous pouvez également ajouter une pincée de cannelle.

# 66. Macaronis aux fraises

DONNE 5 portions

**Ingrédients**

- Macaronis au choix
- 3 tasses de fraises, fraîches ou surgelées
- 1 tasse de yogourt nature à base de plantes, de crème de noix de coco ou de yogourt grec à base de plantes
- sucre au goût

**les directions**

a) Suivez les instructions sur l'emballage pour faire les pâtes de votre choix.

b) Lavez et retirez les tiges des fraises. Hachez quelques fraises pour les déposer sur le dessus du plat.

c) Dans un blender, mélanger le reste des fraises, la crème ou le yaourt végétal, le sucre et l'extrait de vanille.

d) Si vous voulez une sauce plus épaisse, écrasez les fraises avec une fourchette ou mélangez-les par lots, en donnant aux dernières fraises un bref blitz avec le mélangeur.

e) Mélanger les macaronis cuits avec la sauce aux fraises. C'est délicieux chaud ou froid.

## 67. Nouilles aux Champignons

DONNE 20 portions

**Ingrédients**

- 1 chou moyen
- 2 tasses de champignons
- 1 oignon
- 1 carotte
- Ail, 1-2 gousses
- 2 traits de vinaigre balsamique ou autre vinaigre
- Épices comme la marjolaine, l'aneth, le cumin, le sel et le poivre, à votre goût
- 1 bâton de beurre de coco
- Nouilles végétaliennes

**les directions**

a) Dans une grande poêle, faire fondre le beurre de coco et faire revenir les oignons et les champignons.

b) Ajouter les carottes et l'ail. Ajouter le chou une fois que l'ail est doré et que les oignons sont devenus transparents.

c) Ajouter un peu d'eau et poursuivre la cuisson jusqu'à ce que le chou soit tendre. Le temps de cuisson d'un chou dépend de son âge et de la façon dont il est haché.

d) Ajouter le reste du beurre de noix de coco, une touche ou deux de vinaigre, l'épice et un goût au fur et à mesure que l'eau réduit. Assaisonnez avec du sel et du poivre selon votre goût.

e) Servir avec un côté de nouilles.

## 68. Fromage végétalien aux radis

DONNE 8 portions

## Ingrédients

- 3 tasses de fromage végétalien
- ½ tasse de crème de noix de coco (entièrement grasse)
- 1 botte de radis
- 1 botte de ciboulette
- sel, poivre, assaisonnement au goût

## les directions

a) Préparez vos radis et ciboulette. Les radis doivent être lavés et coupés en n'importe quelle forme ou taille que vous choisissez.

b) Garnir le dessus de votre fromage vegan avec quelques radis. Continuez avec la ciboulette de la même manière. Retirer de l'équation.

c) Ajouter la crème de coco jusqu'à obtenir la consistance désirée.

d) Préchauffer le four à 350°F et assaisonner le fromage avec du sel et du poivre. Vous pouvez en rester là ou ajouter quelques assaisonnements supplémentaires si vous le souhaitez.

e) Enfin, mélangez les dés de radis et la ciboulette dans un grand bol à mélanger. Garnir de radis et de ciboulette dans le dernier bol de service.

## 69. Pâtes au pavot

Donne 5 à 6 portions

## Ingrédients

- 300 g de farine
- pincée de sel
- 1 tasse de graines de pavot
- 3 cuillères à soupe de sirop d'érable
- 2 cuillerées de raisins secs
- 2 cuillères de pétales d'amandes
- 1 cuillerée de noix hachées
- 1 cuillerée de zeste d'orange

## les directions

## Pour la masse de pavot

a) Rincez le coquelicot sous l'eau courante. Après cela, couvrez-le d'eau bouillante. Égoutter avec soin.

b) Broyez le pavot en poudre fine.

c) Dans une casserole, versez trois cuillères à soupe de sirop d'érable et commencez à chauffer. Au lieu du sirop d'érable liquide, vous pouvez utiliser du sirop d'érable solide. En raison de la température plus élevée, il devrait fondre.

d) Mélanger le pavot entier, avec les raisins secs, les noix, le zeste d'orange et les pétales d'amande. Cuire environ 5 minutes en remuant régulièrement, jusqu'à ce que la masse de pavot devienne chaude et homogène. Retirez le pavot de la cuisinière et éteignez le feu.

## Pâtes

e) A partir de 300 g de farine, faire un monticule. Assaisonner avec une pincée de sel.

f) Faire une pâte. Pétrissez-le pendant environ 15 minutes, ou jusqu'à ce qu'il soit lisse et de couleur uniforme.

g) Façonnez une boule avec la pâte et placez-la dans le bol. Couvrir d'un torchon propre et remettre au four encore 20 à 30 minutes.

h) Saupoudrer une table ou une planche à pâtisserie de farine. Au bout de 20 à 30 minutes, abaisser la pâte en une motte d'environ 2 mm d'épaisseur.

i) Couper la grappe en petits carrés de 2-3 cm de côté.

j) Porter les carrés à ébullition dans de l'eau salée. Continuez comme si vous cuisiniez des pâtes achetées en magasin.

## 70. Poisson ukrainien

Portions 2

**Ingrédients**

**Pour les filets végétaliens**

- 300 g de tofu ferme
- 1 citron ½ zesté et jus entier
- 1 cuillères à soupe de saumure de câpres
- 1 cuillère à soupe de vinaigre de vin blanc
- 1 feuille de sushi nori
- 70 g de farine ordinaire

**Pour la garniture**

- 1 oignon brun tranché finement
- 1 poireau tranché
- 1 petit panais râpé
- 3 carottes râpées
- 3 baies de piment
- 2 feuilles de laurier séchées
- 1 cuillère à café de paprika doux

- 1 cuillères à soupe de purée de tomates
- 1 cuillère à café de moutarde complète facultatif

## les directions

## Pour les filets végétaliens

a) Couper le bloc de tofu en 6 morceaux de taille égale.

b) Dans un large bol ou un plateau profond, mélanger le jus et le zeste de citron, la saumure de câpres et le vinaigre de vin blanc et verser sur les tranches de tofu. Prévoyez au moins une heure de temps de marinade.

c) Enroulez une bande de nori autour de chaque morceau une fois qu'ils ont fini de mariner. Pour mouiller le tofu enveloppé de nori, le tremper dans le reste de la marinade, puis le draguer dans de la farine ordinaire.

d) Dans une belle poêle antiadhésive, chauffer l'huile d'olive à feu moyen-vif. Lorsque la poêle est chaude, ajouter les morceaux de tofu en veillant à ce qu'ils ne se touchent pas. Cuire 3 minutes sur le premier côté, ou jusqu'à ce qu'ils soient dorés et croustillants. Cuire 3 minutes sur le côté opposé après avoir retourné le tofu.

## Pour la garniture

e) Dans une grande casserole à feu moyen, chauffer un peu d'huile ou de bouillon de légumes, puis ajouter l'oignon. Cuire environ 3 minutes, ou jusqu'à ce qu'il commence à ramollir.

f) Mélanger le poireau, la carotte et le panais dans un bol à mélanger. Réduire le feu à doux et laisser mijoter, en remuant de temps en temps, pendant environ 4 minutes ou jusqu'à ce que les légumes soient tendres.

g) Si vous en utilisez, incorporer les baies de piment de la Jamaïque, les feuilles de laurier, le paprika doux, la purée de tomates et la moutarde à l'ancienne. Bien mélanger et cuire à feu doux pendant encore 15 minutes, en remuant de temps en temps.

h) Retirez les baies de piment de la Jamaïque et les feuilles de laurier après 15 minutes.

i) Placer les filets végétaliens dans une assiette et garnir d'une portion généreuse du mélange de carottes. Profitez!

## 71. Rouleaux de chou

Pour : 6

**Ingrédients**

- 1 tête de chou blanc
- 120 g de sarrasin
- 3 cuillères à soupe de beurre de coco
- 2 cuillères à soupe d'huile d'olive
- 1 oignon, haché
- 1 gousse d'ail, hachée
- 300 g de champignons hachés
- 1 cuillère à soupe de marjolaine séchée
- 2 cubes de bouillon de légumes
- sauce soja au goût
- sel et poivre au goût

**Les directions:**

a) Porter à ébullition dans une grande bouilloire d'eau. Retirez le cœur du chou avant de le placer dans la marmite. Au fur et à mesure que les feuilles extérieures ramollissent, retirez-les. La partie épaisse des côtes de chou doit être coupée. Retirer de l'équation.

b) Pendant ce temps, préparez les gruaux de sarrasin selon les indications du paquet. Égouttez et réservez 1 cuillère à soupe de beurre de coco.

c) Faites chauffer l'huile dans une poêle et faites revenir l'oignon et l'ail.

d) Faites fondre 1 cuillère à soupe de beurre de coco dans la même poêle et faites revenir les champignons. Ajouter le sarrasin et les oignons qui ont été sautés. Marjolaine, sauce soja, sel et poivre au goût. Bien mélanger.

e) Déposez des feuilles de chou minuscules ou cassées au fond d'une cocotte. Au centre de chaque feuille, ajouter environ 2 cuillères à café de garniture.

f) Rentrez l'extrémité de la tige du chou sur la farce, puis repliez les côtés du chou par-dessus. Faites un paquet avec le chou en l'enroulant et en superposant les extrémités pour le sceller. Placer chacun dans le plat à gratin préparé, couture vers le bas.

g) Dans une tasse à mesurer de 500 ml, dissoudre les cubes de bouillon et verser sur les rouleaux de chou. Ajouter le dernier beurre de noix de coco. Couvrir avec le reste des feuilles de chou.

h) Laisser mijoter à feu doux pendant 30 à 40 minutes.

## 72. Pierogi aux pommes de terre et au fromage végétalien

DONNE 10 portions

## Ingrédients

### Pâte Pierogi - 1 lot

- 3 tasses de farine, avec de la farine supplémentaire pour saupoudrer votre surface de travail
- 1 tasse d'eau chaude
- 1 cuillères à soupe de beurre ou d'huile de noix de coco

### Garniture aux pommes de terre et au fromage

- 2 livres. pommes de terre (environ 4 tasses de purée)
- 2 tasses de fromage végétalien
- 2 oignons
- sel et poivre au goût
- crème de noix de coco, pour garnir

## les directions

### Garniture aux pommes de terre et au fromage

a) Épluchez les pommes de terre et faites-les bouillir. À l'aide d'un presse-purée ou d'un presse-purée, écraser légèrement les pommes de terre. Il n'est pas nécessaire d'utiliser un mixeur. Il n'est pas nécessaire que les pommes de terre soient absolument lisses. Laisser refroidir les pommes de terre.

b) Hachez les oignons et faites-les cuire dans du beurre de coco ou de l'huile. La moitié des oignons frits devrait aller dans les pommes de terre et l'autre moitié devrait aller sur le pierogi.

c) Terminez avec le fromage végétalien.

d) Saler et poivrer la garniture au goût; à mon avis, vous ne pouvez jamais avoir trop de sel et de poivre. Goûtez votre garniture et rajoutez-en si nécessaire. Pendant que vous préparez la pâte, vous pouvez refroidir la garniture. Je crée parfois le fourrage la veille car c'est plus simple de s'occuper du fourrage à froid.

**pâte de Pierogi**

e) La farine doit être aérée. Tamisez la farine, fouettez-la dans une bassine ou mixez-la pendant 20 secondes dans un robot culinaire.

f) Portez de l'eau à ébullition comme vous le feriez pour une tasse de thé. Ajouter une cuillère à soupe de beurre de noix de coco ou d'huile dans une tasse d'eau bouillante.

g) Versez lentement l'eau chaude dans la farine et remuez pour combiner, d'abord avec une cuillère en bois puis avec vos mains si l'eau est trop chaude. Tout en mélangeant dans le robot culinaire, ajouter de l'eau bouillante un peu à la fois.

h) Continuez à ajouter de l'eau chaude jusqu'à obtenir une pâte souple et souple. Ajoutez un peu de farine si la pâte est trop collante. Ajouter un peu d'eau supplémentaire si la pâte est trop sèche. Il se détachera des bords du robot culinaire et formera une boule.

i) Étalez votre pâte sur un plan fariné à l'aide d'un rouleau à pâtisserie fariné. Étalez la pâte à pierogi à l'épaisseur que vous souhaitez travailler. Les fabricants de pierogi professionnels roulent leur pâte très finement, mais comme ma famille est pâteuse, je peux la rouler un peu plus épaisse.

j) Étalez votre pâte en cercles, remplissez de garniture de pommes de terre et de fromage avec une cuillère ou des boules pré-roulées, repliez et pincez pour fermer. Si vous n'attendez pas trop longtemps, la pâte sera encore molle et vous n'aurez besoin que de quelques pincées d'eau pour sceller le pierogi.

k) Fariner un plan de travail et couvrir d'un torchon jusqu'à ébullition.

l) Dans une petite casserole, faire bouillir ou laisser mijoter lentement un petit lot de pierogi. N'oubliez pas d'assaisonner l'eau avec du sel. Surveillez vos pierogi et faites-les cuire 3 à 5 minutes une fois qu'ils commencent à flotter. Retirez-les de l'eau à l'aide d'une écumoire et déposez-les sur un plat ou un plateau pour les refroidir.

m) Préparez le plat avec de l'huile ou du beurre de noix de coco et assurez-vous de badigeonner un peu de beurre de noix de coco sur votre pierogi. Quand ils sont chauds, attention à ne pas les superposer car ils vont coller ensemble.

n) Garnir votre pierogi d'oignons frits et d'une cuillerée de crème de noix de coco avant de servir.

# 73. Tofu à la bière au four

Portions : pour 2

## Ingrédients

- 250 g de tofu nature
- 2 cuillères à soupe de pâte de tomate
- 100 ml de bière
- 1 grosse cuillère de sauce soja
- une demi cuillère à soupe de sirop d'érable
- une demi-cuillère à café de paprika fumé ou doux
- un quart de cuillère à café de cumin en poudre
- un quart de cuillère à café de poudre de chili ou de poivre de Cayenne
- une pincée de cannelle
- sel au goût

## les directions

a) Rincez le tofu et séchez-le autant que possible avec du papier absorbant. Coupez-le en tranches de 1,5 cm d'épaisseur et enveloppez-le dans plus de papier de cuisine.

b) Placez un poids dessus pour extraire le plus de liquide possible et préparez la sauce en attendant.

c) Mélanger la bière, le sirop d'agave, le sirop d'érable ou le sirop de riz sucré dans un bol à mélanger.

d) Dans un bol, mélanger la pâte de tomate, la sauce soja, la poudre de cumin et le paprika fumé ou doux. Ajoutez une touche de cannelle et une pincée de poudre de chili ou de poivre de Cayenne.

e) Faites mariner le tofu le plus longtemps possible avant de le faire griller.

# 74. Piérogis à la patate douce

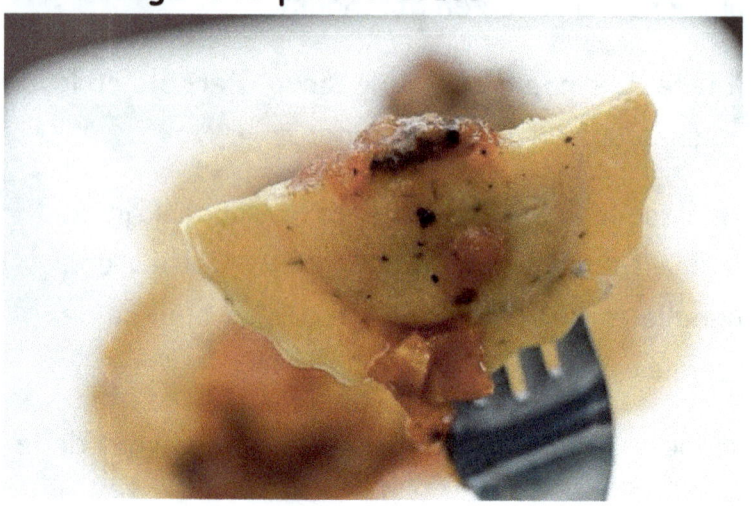

PORTIONS 40 pierogi

**Ingrédients**

**PÂTE**

- 3 tasses de farine tout usage
- 1 cuillères à café de sel de mer
- 1 tasse d'eau
- 1 cuillères à soupe d'huile végétale

**REMPLISSAGE**

- 3 1/2 T de patates douces, pelées et coupées en cubes
- 2 gousses d'ail, hachées
- 2 cuillères à soupe de levure alimentaire
- 2 cuillères à soupe de beurre de noix de coco végétalien
- 1/2 cuillères à café d'aneth frais
- 1/4 cuillères à café de sauge séchée
- 1/4 cuillères à café de sel de mer
- 1/4 cuillères à café de poivre noir moulu

**les directions**

a) Porter une casserole d'eau salée à ébullition, puis laisser mijoter les cubes de patate douce pendant 10 minutes, ou jusqu'à ce qu'ils soient bien cuits et tendres.

b) Préparez la pâte en mélangeant de la farine tout usage et du sel de mer pendant la cuisson des patates douces. Incorporer ensuite l'eau et l'huile jusqu'à ce qu'elles soient juste mélangées.

c) Pétrir la pâte sur une surface légèrement farinée jusqu'à ce qu'elle se rassemble et soit un peu collante, mais pas assez collante pour adhérer à vos mains. Fariner légèrement la boule de pâte.

d) Diviser la pâte en deux et envelopper chaque petite boule dans une pellicule plastique. Pendant que vous préparez la garniture, refroidissez la pâte.

e) Égouttez les patates douces et écrasez-les avec le reste de la garniture Ingrédients,

f) Réfrigérer jusqu'à ce que les pierogi soient prêts à être garnis.

g) Si vous allez faire cuire les pierogis tout de suite, faites bouillir une grande casserole d'eau salée pendant que vous les roulez, les coupez et les remplissez.

h) Étalez une boule de pâte jusqu'à ce qu'elle atteigne 1/16 de pouce d'épaisseur sur une surface légèrement farinée.

Découpez des cercles de pâte avec un emporte-pièce rond de 3 12 à 4 pouces.

i) Tout en roulant la pâte et en découpant des cercles, placez chacun sur une plaque à pâtisserie ou un moule légèrement saupoudré et couvrez d'un torchon. Répéter avec la boule de pâte restante.

j) Sur un côté de chaque rond de pâte, étalez 12 à 34 cuillères à soupe de garniture de patates douces. Gardez un petit plat d'eau à proximité.

k) Tamponnez un peu d'eau sur le bord de la moitié du cercle avec un doigt, repliez l'autre côté de la pâte sur la garniture, appuyez doucement et sertissez légèrement les deux côtés ensemble pour sceller le pierogi.

l) Sans les chevaucher, remettez chaque pierogi sur les plaques ou plateaux farinés.

m) Faire bouillir les pierogi en petites quantités jusqu'à ce qu'ils flottent à la surface, environ 1 à 2 minutes. A l'aide d'une écumoire, sortez-les de l'eau et placez-les sur une plaque ou un plat allant au four.

n) Juste avant de servir, faites cuire les pierogies par lots dans une poêle avec du beurre de noix de coco végétalien à feu moyen jusqu'à ce qu'ils soient dorés, environ 2 à 3 minutes de chaque côté.

o) Servir avec de la crème de noix de coco végétalienne ou de la crème de noix de cajou épicée, des oignons caramélisés et/ou des champignons frits !

# 75. Pâtes végétaliennes aux boulettes d'épinards

Pour : 2

**Ingrédients**

- 2 cuillères à soupe de lin moulu
- 2 cuillères à soupe de jus de citron
- 450 g / 16 oz. épinards frais
- 3 cuillères à soupe de levure nutritionnelle
- 2 gousses d'ail, finement râpées
- bombé ½ cuillères à café de sel, plus au goût
- ¼ cuillères à café de poivre, au goût
- une généreuse quantité de noix de muscade râpée, ajuster au goût
- 2 tasses de chapelure grossière
- huile pour la cuisson ou la friture

**les directions**

a) Dans un petit bol, mélanger les graines de lin / chia moulues, 2 cuillères à soupe de jus de citron et 60 ml / 14 cuillères à soupe d'eau. Laisser le temps que la sauce épaississe.

b) Blanchir les épinards pendant 1 à 2 minutes dans de l'eau bouillante, égoutter et plonger immédiatement dans un bol d'eau glacée ou rincer sous l'eau froide pour conserver la couleur.

c) À l'aide de vos mains, pressez autant d'eau que possible des épinards. Hacher finement les épinards secs.

d) Dans un plat à mélanger, combiner tous les ingrédients sauf la chapelure (et l'huile). Ajouter progressivement la chapelure en veillant à ce que le mélange ne soit ni trop sec ni trop humide. Si le mélange est trop humide, vous n'aurez peut-être pas besoin de toute la chapelure ou vous pourriez en avoir besoin d'un peu plus. Allez-y avec votre instinct.

e) À l'aide de vos mains, formez de petites boules de la taille d'une noix avec le mélange. Réfrigérer pendant au moins 2 heures.

f) Si vous voulez faire frire vos boulettes d'épinards, enrobez-les de plus de chapelure.

g) Vous pouvez les faire cuire environ 20 minutes à 180°C / 355°F sur une plaque de cuisson huilée en les retournant à mi-cuisson, ou les faire revenir dans une bonne quantité d'huile jusqu'à ce qu'ils soient dorés de toutes parts.

# 76. Pierogies aux pommes de terre et aux carottes

Sert : 25

**Ingrédients**

**Pâte:**

- Farine tout usage – 500g
- Eau chaude – 230 ml
- Sel - 1,5 cuillères à café
- Huile d'olive - 2 cuillères à soupe

**Remplissage:**

- Pommes de terre - 600g
- 1 tasse de fromage végétalien
- Sel - 1,5 cuillères à café
- Oignon - 1 gros, haché finement
- Poivre moulu - 1 cuillères à café
- Noix de muscade râpée - 2 pincées (facultatif)

**Frire:**

- beurre de noix de coco - 1 cuillères à soupe

**Garnir:**

- Ciboulette ciselée et oignons caramélisés.


**les directions**

**Remplissage:**

a) Faites chauffer l'huile d'olive dans une poêle et faites revenir doucement l'oignon haché jusqu'à ce qu'il soit doré.

b) Placez la pomme de terre dans une casserole moyenne avec suffisamment d'eau pour la couvrir. [Vous pouvez utiliser un autocuiseur ou un autocuiseur.] Portez l'eau à ébullition dans la casserole à feu vif. Cuire environ 15 minutes, ou jusqu'à ce que la pomme de terre soit tendre à la fourchette. Assurez-vous de ne pas trop le cuire.

c) Remettre la pomme de terre dans la casserole après l'avoir égouttée dans une passoire. A l'aide d'un presse-purée, écraser les pommes de terre et ajouter le lait végétal, le poivre, le fromage, la muscade et les oignons caramélisés. Il y a aussi du sel.

**Pâte:**

d) Mélanger la farine, l'huile d'olive et le sel dans un bol à mélanger. Bien mélanger et ajouter progressivement de l'eau. Pétrissez la pâte avec vos mains une fois qu'elle est grossièrement incorporée. Si vous n'arrivez pas à le faire s'assembler, ajoutez de l'eau supplémentaire. Apportez de la farine supplémentaire si vous pensez avoir ajouté trop d'eau.

e) Pétrissez la pâte pendant 5 à 10 minutes et mettez-la de côté. La pâte doit devenir plus lisse et plus élastique après pétrissage. Mais pas de manière collante !

f) Couvrir et laisser reposer 30 minutes pour se détendre.

g) Une fois la pâte reposée, saupoudrez la surface de roulement de farine, prenez un morceau de pâte et étalez-le en une surface de 1 à 2 mm d'épaisseur. Plus vous pouvez le rendre fin, plus les boulettes seront savoureuses.

h) Découpez des cercles dans la pâte à l'aide d'un verre renversé.

i) Placez une cuillère à café comble de garniture au centre de chaque cercle, pliez en deux et pressez les coins du demi-cercle avec vos doigts.

j) Dans une grande casserole d'eau, porter à ébullition les pierogis.

k) Cuire les pierogis pendant 3-4 minutes, ou jusqu'à ce qu'ils flottent, en utilisant une écumoire pour les retirer.

l) Continuez à cuire un nouveau lot jusqu'à ce qu'ils soient tous cuits.

# 77. Boulettes bouillies

Pour 5 personnes

**Ingrédients:**

- 1 ½ tasse de farine tout usage tamisée
- ½ cuillère à café de sel
- ¼ cuillère à café de levure chimique
- ½ tasse de margarine
- Environ ¼ tasse d'eau

**les directions**

a) Préchauffer le four à 400 degrés Fahrenheit. Mélanger les ingrédients secs dans un tamis.

b) Couper la margarine avec un coupe-pâte, en utilisant juste assez d'eau pour maintenir le mélange ensemble.

c) Étaler la pâte comme une pâte à tarte sur une planche farinée. Couper les carrés en carrés de 3 pouces.

d) Déposer environ 1 cuillère à café de farce au centre de chaque carré. Pliez les carrés en deux pour couvrir complètement la garniture. A l'aide d'une fourchette, pincer les bords ensemble.

e) Cuire au four pendant 20 minutes, ou jusqu'à ce qu'ils soient dorés, sur une plaque à biscuits antiadhésive.

## 78. Pierogi aux bleuets

rendement : 48-50

**Ingrédients**

**Pour la pâte**

- 2 tasses (500 g) de farine tout usage
- 1 tasse de lait végétal chaud
- 1 cuillères à café de sel

**Pour la garniture aux myrtilles**

- 2 tasses de myrtilles / myrtilles
- 1 cuillère à soupe de farine tout usage

Garniture

- crème sucrée, 12% ou 18%
- une pincée de sucre glace / en poudre, pour saupoudrer

les directions

Pour la pâte

a) Tamiser la farine et faire un trou au centre du dôme de farine. Versez un peu de lait végétal chaud dans le mélange et remuez. Pétrissez rapidement en ajoutant du lait végétal au besoin pour obtenir une pâte souple et élastique.

b) Séparez la pâte en plusieurs morceaux. Sur un plan de travail fariné, étalez la première partie de la pâte.

c) Étaler la pâte avec le rouleau à pâtisserie en une feuille mince. Utilisez un verre ou un emporte-pièce pour couper la pâte.

Pour la garniture aux myrtilles

d) Rincez les myrtilles fraîches sous l'eau courante froide.

e) Retirez les baies congelées du congélateur juste avant de faire des pierogi (les boulettes sont plus faciles à assembler avec des fruits congelés)

f) Sécher sur du papier absorbant, étaler sur un plateau et saupoudrer d'1 cuillère à soupe de farine.

g) Au centre de chaque cercle de pâte, déposer une cuillère à café de myrtilles. Replier la pâte sur la garniture et pincer les bords ensemble. Continuez jusqu'à ce que la pâte et les myrtilles aient disparu.

**Finir**

h) Porter à ébullition de l'eau salée dans une casserole. Réduisez le feu à un niveau bas et maintenez-le ainsi.

i) Ajouter les boulettes et cuire pendant 5 à 6 minutes, ou jusqu'à ce qu'elles flottent.

j) Préparez de la crème sucrée en attendant. Mettez un peu de crème dans une bassine à mélanger, ajoutez un peu de sucre glace/en poudre, et mélangez le tout. Prenez une bouchée et voyez si c'est assez sucré. S'il n'est pas assez sucré, ajoutez plus de sucre et réessayez.

k) À l'aide d'une écumoire, retirer les pierogi de la casserole. Servir dans des assiettes avec une cuillerée de crème sucrée sur le dessus.

## 79. Kolache à l'abricot

Pour : 6

## Ingrédients

**Pour le remplissage**

- 100 g (4 oz) d'abricots secs
- 350 ml d'eau
- 2 cuillères à soupe de sucre semoule

**Pour la pâte**

- 225 g (8 oz) de beurre de noix de coco, ramolli
- 1 pot (200 g) de fromage végétalien, ramolli
- 150 g (5 oz) de sucre en poudre
- 250 g (9 oz) de farine ordinaire

**les directions**

a) Pour créer la garniture, dans une casserole à fond épais, mélanger les abricots et l'eau et cuire, à couvert, à feu moyen pendant 10 minutes ou jusqu'à ce que les abricots soient tendres.

b) Écraser les abricots, ajouter 2 cuillères à soupe de sucre et réserver au frais. Retirer de l'équation.

c) Pour faire la pâte, crémez ensemble le beurre de noix de coco et le fromage végétalien jusqu'à ce qu'ils soient légers et mousseux, puis ajoutez 150 g de sucre et mélangez soigneusement.

d) Bien mélanger la farine. Former une boule avec la pâte et mettre au frais une heure.

e) Sur un plan de travail bien fariné, démoulez la moitié de la pâte et travaillez-la. Couper en carrés de 5 cm après avoir roulé sur une épaisseur de 0,25 cm.

f) Placer 1/2 cuillère à café de garniture aux abricots au centre du carré. Ramenez les quatre coins au centre, en les pressant ensemble pour sceller.

g) Cuire environ 15 minutes à 200°C/Thomas 6.

# DESSERTS

## 80. Chrustyky ukrainien

Rendement : 4 portions

## Ingrédient

- 4 tasses de farine tamisée
- 6 Oeuf
- 1 tasse de crème sure
- 2 cuillères à soupe de sucre
- $\frac{1}{4}$ cuillère à café de sel
- 1 cuillère à café de vanille
- 2 cuillères à soupe de beurre
- $\frac{1}{2}$ cuillère à café d'arôme d'amande
- Jaunes -- bien battus

## les directions

a) Battre les jaunes d'œufs jusqu'à ce qu'ils soient légers. Ajouter aux ingrédients secs avec la crème sure, la vanille, le beurre et l'arôme d'amande. Bien pétrir.

b) Rouler à $\frac{1}{8}$ pouce d'épaisseur. Couper en lanières de 1 x 3 pouces avec une roulette à pâtisserie.

c) Faire une fente dans le sens de la longueur au centre de chaque bande et tirer une extrémité à travers.

d) Frire dans la graisse profonde chaude pendant environ 2 minutes ou jusqu'à ce qu'ils soient légèrement dorés. Égouttez sur du papier épais.

e) A froid, saupoudrer de sucre glace.

# 81. Gâteau au fromage ukrainien

Rendement : 10 portions

## Ingrédient

- sables
- 2 tasses de fromage cottage
- ½ tasse) de sucre; Granulé
- 2 cuillères à café de fécule de maïs
- ½ tasse de noix ; Haché,
- 3 oeufs; Grand, Séparé
- ½ tasse de crème sure
- 1 cuillère à café de zeste de citron ; Râpé

## les directions

a) Préchauffer le four à 325 degrés F.
b) Passer le fromage cottage au tamis et égoutter.
c) Dans un grand bol à mélanger, battre les jaunes d'œufs jusqu'à ce qu'ils soient légers et mousseux, puis ajouter le sucre lentement, en continuant de battre jusqu'à ce qu'ils soient très légers et lisses.

d) Ajouter le fromage cottage au mélange d'œufs, bien mélanger, puis ajouter la crème sure, la fécule de maïs, le zeste de citron et les noix (si désiré). Remuer jusqu'à ce que tous les ingrédients soient bien mélangés et que le mélange soit lisse.

e) Dans un autre grand bol à mélanger, battre les blancs d'œufs jusqu'à ce qu'ils forment des pics mous, puis les incorporer délicatement à la pâte. Versez le mélange dans la croûte préparée et enfournez pour environ 1 heure.

f) Refroidir à température ambiante avant de servir.

## 82. Bajaderki

Portions : 25 boules

**Ingrédients**

**Pâtisserie**

- ½ kilo de gâteaux ou de biscuits prêts à l'emploi (muffins, brownie, etc.)
- 1 tasse de noix de coco râpée
- 1 tasse de raisins secs
- ½ tasse de noix finement hachées de toutes sortes
- 1 tasse de biscuits croustillants émiettés
- Alcool aromatisé de toute nature (pour la version adulte), quantité dépendant du volume
- 2 à 3 cuillères à soupe de confiture de cassis
- Jus et zeste de 1 citron

**glaçage**

- 100 grammes de chocolat noir
- 1 cuillère à café d'huile de noix de coco

**les directions**

**Pâte**

a) Pour former un mélange homogène, écrasez délicatement les biscuits avec vos mains. Pour faire un mélange dense semblable à de l'argile comparable à la combinaison de truffes, combinez les amandes, la noix de coco, le jus et le zeste de citron, les raisins secs, le vin et la confiture.

b) Réserver 1 heure au réfrigérateur.

c) Ensuite, roulez la pâte en boules de la taille d'une grosse noix ou plus. Déposez-les sur une plaque à pâtisserie.

**glaçage**

d) Au bain-marie, faire fondre le chocolat et l'huile de coco.

e) Insérez les boules une par une dans le glaçage. A l'aide d'une fourchette, retournez-les et posez-les sur du papier cuisson.

f) Réfrigérer les boules pendant 2 heures ou jusqu'à ce que le glaçage ait durci.

# 83. Mazurek à la crème au chocolat

Portions : 10

**Ingrédients**

**Pâte**

- 2 tasses de farine d'épeautre ordinaire ou de farine de blé ordinaire
- 100 g d'huile de noix de coco liquide
- 1 cuillère à soupe bombée d'amidon
- 2 cuillères à soupe de sucre glace non raffiné
- 10 à 12 cuillères à soupe d'eau froide

**Crème**

- 15 feuilles de menthe
- $1\frac{1}{2}$ tasse de haricots blancs cuits
- 100 grammes de chocolat noir (70% de cacao)
- jus et zeste d'1 orange
- 1 cuillère à café de cannelle
- 2 à 3 cuillères à café de sirop de datte ou autre sirop

**les directions**

**Pâte**

a) Mélanger la farine, l'amidon et le sucre glace dans un bol à mélanger. Incorporer complètement l'huile de noix de coco. Versez lentement l'eau. Bien pétrir.

b) La pâte doit être souple et élastique, semblable à celle utilisée pour les pierogis. Étalez-le sur du papier sulfurisé sur une épaisseur de 4 à 5 mm. Faites un rectangle ou une autre forme avec le papier. Avec une fourchette, piquer partout.

c) Préchauffer le four à 190°C/375°F et cuire 20 minutes. Prévoyez du temps pour le refroidissement.

**Crème**

d) Mélanger les haricots, la menthe et le sirop dans un mélangeur jusqu'à consistance lisse.

e) Porter à ébullition le jus et le zeste. Incorporer le chocolat jusqu'à ce qu'il fonde. Incorporer les haricots mélangés et la cannelle avec précaution.

f) Étaler la crème sur la pâte feuilletée et garnir avec les garnitures. Réfrigérer jusqu'à ce que la crème ait épaissi.

## 84. Gâteau Bundt à la citrouille et à la levure

Portions : 12

**Ingrédients**

- 1 tasse de mousse de potiron
- 2½ tasses de farine d'épeautre ordinaire ou de farine de gâteau de blé
- ½ tasse de lait à base de plantes
- 7 grammes de levure sèche
- ½ tasse de sucre de canne ou tout autre sucre non raffiné
- jus et zeste de 1 citron
- 1 cuillère à soupe d'huile de noix de coco liquide
- 1 tasse de canneberges séchées

**les directions**

a) Mélanger la farine, la levure, le sucre et les canneberges dans un bol à mélanger.

b) Dans une petite casserole, chauffer doucement la mousse de potiron, le lait végétal, le jus et le zeste de citron et l'huile de coco. Pétrir les ingrédients humides dans la pâte. Cela devrait prendre environ 8 minutes.

c) Saupoudrer une fine couche de farine sur le moule à cake Bundt et le graisser. Placez la pâte dans le moule, couvrez-la et laissez-la lever pendant 1 heure dans un endroit chaud.

d) Préchauffer le four à 180°C/350°F et cuire 35 minutes (jusqu'à ce qu'une pique en bois ressorte propre).

# 85. Rouleaux à la crème

Portions : 20 à 23 rouleaux

**Ingrédients**

**Pâte**

- 2 ½ tasses de farine d'épeautre ordinaire ou de farine de blé ordinaire
- ¾ tasses de crème végétalienne (par exemple, crème de soja maison)
- 2 cuillères à soupe de sucre glace non raffiné
- 100 grammes d'huile de noix de coco liquide
- 1 cuillère à soupe d'amidon

**Crème**

- 2 boîtes de lait à base de plantes de noix de coco (400 grammes chacune, 17 % de matières grasses, 75 % de noix de coco, réfrigérées pendant 1 à 2 jours)
- 1 cuillère à soupe de sucre glace non raffiné
- 2 cuillères à café d'extrait de vanille
- 1 zeste de citron

**les directions**

**Pâte**

a) Pétrir tous les ingrédients jusqu'à ce que la pâte soit lisse.

b)  Abaisser la pâte jusqu'à ce qu'elle ait une épaisseur de 2 à 3 mm. Couper en bandes de 1 cm de large. Réfrigérer 10 minutes avant de servir.

c)  Placer les rouleaux sur une plaque de cuisson tapissée de papier sulfurisé. Préchauffer le four à 200°C/400°F et cuire 15 minutes. Laissez-les refroidir un peu avant de les retirer des cornets. Répétez jusqu'à ce que vous ayez utilisé toute votre pâte.

## Crème

a)  Des canettes, retirez la partie solide blanche du lait de coco. À l'aide de sucre glace, bien mélanger.

b)  Incorporer délicatement l'extrait de vanille et le zeste de citron.

c)  Mettre la crème dans une poche à douille et pocher la garniture dans les rouleaux vides. Vous pouvez utiliser des fruits pour les décorer ou du sucre glace pour les saupoudrer.

## 86. Gaufrettes

Portions : 20 gaufrettes

**Ingrédients**

- 5 grosses gaufrettes rectangulaires
- ½ kilo de confiture de cassis
- 3 tasses de pois chiches bouillis (plus ou moins 1 tasse sec)
- 1 boîte de lait végétal de coco
- 1 cuillère à café d'extrait de vanille
- 2 cuillères à soupe de sucre de canne
- 2 cuillères à soupe de cacao
- 200 grammes de chocolat noir (70% de cacao)

**les directions**

a) Ouvrez la boîte de lait végétal de coco et retirez la partie solide blanche. Portez-le à ébullition dans une casserole. Retirer du feu et incorporer le chocolat, le cacao, l'extrait de vanille et le sucre.

b) Remuer jusqu'à ce que tous les ingrédients aient fondu. Incorporer complètement les pois chiches.

c) Placez la feuille de gaufrette sur un morceau de bois. Couvrir avec la moitié de la crème et l'autre galette.

d) Étalez-y la moitié de la confiture. Répéter avec le reste de la crème, de la confiture et des feuilles de gaufrette. Appuyez doucement sur le bouton.

e) Réserver 4 à 5 heures au réfrigérateur.

f) Trancher en petits morceaux.

# 87. Tarte aux pommes des Fêtes

Portions : 15-17

## Ingrédients

- 3 tasses de farine d'épeautre ordinaire ou de farine de blé ordinaire
- 2 cuillères à soupe plates de fécule
- 2 cuillères à soupe plates de sucre glace non raffiné
- 50 grammes d'huile de noix de coco liquide
- 15 cuillères à soupe d'eau froide
- 2 kilos de pommes à cuire
- 1 cuillère à café de cannelle
- 1 cuillère à café de cardamome moulue
- 1 tasse de raisins secs
- 1 tasse de noix
- 1 tasse de chapelure

## les directions

a) Mélanger la farine, l'amidon, le sucre glace et l'huile de noix de coco avec précaution. Ajouter une cuillère à soupe d'eau à la fois, en mélangeant ou en pétrissant la pâte après chaque ajout. Pétrir la pâte jusqu'à ce qu'elle soit élastique et lisse après que tous les ingrédients ont été mélangés.

b) Séparez la pâte en deux moitiés égales. L'un d'eux doit être déroulé sur une feuille de papier sulfurisé de 20 x 30 cm/8 x 12 pouces. Piquez la pâte plusieurs fois avec une fourchette, placez-la sur un plat allant au four et mettez au frais pendant 30 minutes. Placer la portion de pâte restante au congélateur pendant 45 minutes.

c) Sortez la plaque du réfrigérateur et enfournez à 190°C pendant 15 minutes. Autorisez-vous à vous détendre. Pendant ce temps, préparez les pommes.

d) Pelez les pommes et retirez les pépins. À l'aide d'une râpe ou d'une trancheuse à mandoline, râpez le fromage. Mélanger la cannelle, les raisins secs et les noix hachées grossièrement dans un bol à mélanger. Vous pouvez ajouter du miel si les pommes sont trop acides.

e) Répartir uniformément la chapelure sur le fond mi-cuit. Les pommes doivent ensuite être dispersées sur la pâte feuilletée.

f) Placez la pâte congelée sur les pommes et râpez-la. Préchauffer le four à 180°C/350°F et cuire pendant 1 heure.

## 88. Biscuits au pain d'épice aux pommes de terre

Portions : 70 biscuits

**Ingrédients**

- ½ kilo de pommes de terre épluchées
- 5 cuillères à soupe d'huile de noix de coco liquide
- ½ tasse de sirop de datte ou autre sirop
- 2 cuillères à café de bicarbonate de soude
- 2½ tasses de farine d'épeautre ordinaire ou de farine de blé ordinaire
- ½ tasse d'amidon
- 4 cuillères à soupe d'assaisonnement pour pain d'épice
- 1 cuillère à soupe de cacao

**les directions**

a) Faites cuire les pommes de terre jusqu'à ce qu'elles soient tendres, puis laissez-les refroidir et hachez-les avec un presse-purée. Mélanger le sirop de dattes et l'huile de noix de coco dans un bol.

b) Dans un bassin séparé, mélanger la farine, l'amidon, le bicarbonate de soude et l'assaisonnement pour pain d'épice. Pétrir la pâte après avoir ajouté les liquides.

c) Farinez une planche à pâtisserie ou un tapis de pâtisserie et étalez la pâte sur une épaisseur d'environ 5 mm.

d) À l'aide d'emporte-pièces, découpez différentes formes. Préchauffer le four à 170°C/325°F et cuire 10 minutes. Laisser refroidir et décorer selon vos envies.

# 89. Pommes au four avec fruits et noix

Pour 6 personnes

### Ingrédients :

- 6 pommes à cuire, lavées et évidées
- 6 cuillères à soupe d'édulcorant granulé végétalien
- 6 cuillères à soupe de confiture de fraise ou d'abricot
- ½ tasse de noix hachées

### les directions

a) Préchauffer le four à 350 degrés Fahrenheit. Placez les pommes dans le plat de cuisson, en vous assurant qu'elles se touchent et qu'elles s'emboîtent bien.

b) Dans le cœur de chaque pomme, placez 1 cuillère à café de sucre, suivi de confitures. Ajoutez des noix comme touche finale. Un pouce d'eau doit être ajouté au plat de cuisson.

c) Préchauffer le four à 350 °F et cuire pendant 30 minutes ou jusqu'à ce que les pommes soient tendres.

d) Servir immédiatement ou réfrigérer.

# 90. Gâteau au fromage végétalien aux baies

Pour : 6

## Ingrédients

- 4 paquets (8 oz / 225 g) de fromage à la crème végétalien
- 0,5 oz. d'Agar Agar + 1 tasse d'eau chaude
- 1 boîte (3 oz) de gelée de citron végétalienne + 1 tasse d'eau chaude
- 1/4 tasse de sucre en poudre
- gaufrettes
- Fraises ou framboises fraîches
- 2 boîtes (3 oz chacune) de gelée végétalienne aux fraises

## les directions

a) Dans une tasse d'eau chaude, dissoudre 2 sachets d'Agar et 1 tasse de gelée de citron.

b) Lorsque le fromage est prêt, battez-le pendant environ 2 minutes ou jusqu'à ce qu'il soit mousseux. L'agar agar et la gelée doivent être ajoutés petit à petit.

c) Mélanger jusqu'à ce que tous les grumeaux soient partis. Ajouter le sucre et continuer à battre jusqu'à ce que tout soit bien mélangé.

d) Déposer les gaufrettes à la vanille au fond du moule à charnière. Remplir le moule avec le mélange de fromage à la crème. Réfrigérer pendant au moins 2 heures.

e) Faire de la gelée de fraises avec la moitié de la quantité d'eau (1 tasse pour chaque boîte, total de 2 tasses de deux boîtes). Laisser refroidir quelques minutes.

f) Placer les fraises sur le mélange de fromage qui a été pris. Réfrigérer jusqu'à ce que la gelée durcisse, puis la verser sur les fraises.

## 91. Pudding aux grains sucrés

Pour : 6

**Ingrédients**

- 1 tasse de grains de blé ou d'orge
- 4 cuillères à soupe de sirop d'érable
- ½ tasse (115 g) de sucre
- 2 tasses (450 g) de graines de pavot
- bakali

**les directions**

a) Faire tremper les myrtilles pendant la nuit après les avoir rincées.

b) Faire tremper les grains dans l'eau jusqu'à ce qu'ils ramollissent, puis les égoutter sur une passoire.

c) Mélanger les graines de pavot, le sirop d'érable, le sucre, le bakalie et les myrtilles dans un bol à mélanger.

## 92. Biscuits croissants aux noix

Pour : 6

## Ingrédients

- 1⅓ tasses (150 g) de farine
- 6 cuillères à soupe de beurre de coco
- ⅓ tasse (65 g) de noix finement moulues
- ¼ tasse (55 g) de sucre

## les directions

a) Préchauffer le four à 300 degrés Fahrenheit (150 degrés Celsius).

b) Pétrir tous les ingrédients ensemble dans une pâte.

c) Étalez la pâte en une longue corde avec vos mains et coupez-la tous les 3 pouces (7,5 cm).

d) Formez un croissant avec chaque morceau et placez-le sur une plaque à pâtisserie.

e) Cuire au four environ 20 minutes, ou jusqu'à ce que les biscuits soient légèrement dorés. Laisser refroidir avant de saupoudrer de sucre en poudre.

## 93. Ragoût de prunes

Sert : 8

**Ingrédients**

- 2 lb (900 g) de prunes fraîches
- facultatif : ¾ tasse (170 g) de sucre

**les directions**

a) Rincez les prunes et retirez les noyaux.

b) Porter les prunes à ébullition dans une petite quantité d'eau (juste assez pour les couvrir) et remuer de temps en temps.

c) Le sucre peut être ajouté après deux heures pour une saveur plus sucrée.

d) Lorsque le ragoût a épaissi et que la majeure partie de l'eau s'est évaporée, versez dans des bocaux en verre et conservez dans un endroit frais.

e) Vers la fin du temps de cuisson, ajoutez de la muscade, du jus de citron ou de la cannelle pour plus de saveur.

## 94. Confiture

Pour : 6

**Ingrédients**

- 2 lb (900 g) de fruits frais, comme des pommes, des poires, des abricots, des cerises et/ou des fraises
- 1¾ tasse (395 g) de sucre

les directions

a) Selon le ou les fruits que vous utilisez, nettoyez-les, pelez-les et dénoyautez-les.

b) Porter à ébullition dans une petite quantité d'eau (juste assez pour couvrir), en remuant de temps en temps.

c) Réduire en purée dans un mélangeur ou râper sur les plus petits trous de râper lorsque le fruit est tendre.

d) Cuire à feu doux jusqu'à ce que la masse épaississe, en remuant constamment.

e) Verser dans des pots en verre et réserver au frais.

## 95. gâteau de Pâques

DONNE 8 portions

## Ingrédients

### Croûte sablée

- 1 ½ tasse de farine
- ½ tasse de sucre, à grains fins
- ½ tasse de beurre de noix de coco
- 1 cuillères à café d'extrait de vanille (facultatif)

### Garniture

- 1 ½ tasse Vegan Dulce de leche
- noix, fruits secs, bonbons pour la décoration

## les directions

### Croûte sablée

a) Dans un robot culinaire, mélanger la farine et le sucre et mélanger jusqu'à consistance lisse. Ajoutez ensuite le beurre de noix de coco, qui a été coupé en petits morceaux, et fouettez jusqu'à ce qu'il soit grumeleux.

b) Mélanger l'eau et l'essence de vanille facultative dans un bol séparé.

c) Préchauffer le four à 350°F et enfoncer la pâte dans le moule de votre choix. Faites les bords en pressant la pâte sur les côtés ou construisez un bord ornemental séparé avec de la pâte.

d) Piquez le fond de la pâte avec une fourchette pour éviter qu'elle ne gonfle. Ensuite, faites-le cuire à 375 degrés Fahrenheit pendant environ 30 minutes.

e) Selon la taille et la forme de votre moule, faites cuire la croûte pendant 20 à 35 minutes sur la grille centrale du four. La croûte deviendra dorée et votre cuisine sera remplie de l'arôme du beurre de noix de coco. Laisser refroidir après la sortie du four.

f) Utilisez le Vegan Dulce de leche ou toute autre pâte à tartiner au caramel. Réchauffez votre caramel en le plaçant dans une casserole. Versez le caramel dans le fond de tarte et laissez reposer quelques minutes.

g) Préparez vos embellissements comestibles pendant que votre caramel se met en place.

# 96. Pouding à la vanille

rendement : 4

## Ingrédients

- ½ gousse de vanille, peut sous avec ½ cuillère à soupe d'extrait de vanille
- 2 tasses + 2 cuillères à soupe de lait végétal
- 5-7 cuillères à café de sucre
- 3 cuillères à soupe de farine de pomme de terre, peut être sublimée par de la farine de maïs ou de la fécule de maïs
- 3-4 cuillères à café de sirop de framboise, pour servir, facultatif

## les directions

a) Couper une demi-gousse de vanille dans le sens de la longueur et gratter les gousses avec un couteau. Retirer de l'équation.

b) Porter à ébullition 1,5 tasse (350 ml) de lait végétal, les gousses de vanille et le sucre.

c) Mélanger la fécule de pomme de terre avec le reste de lait végétal frais. Remuez rapidement avec un fouet pour éviter la formation de grumeaux dans le lait végétal en ébullition.

d) Porter à ébullition, puis laisser mijoter, en remuant constamment, pendant environ 1 minute ou jusqu'à ce que la crème épaississe.

e) Verser dans des verrines ou plats à dessert individuels après l'avoir retiré du feu.

f) Arrosez de quelques gouttes de sirop de framboise et servez immédiatement.

## 97. Fondant à la crème

Rendement : 70 pièces

## Ingrédients

- 1/2 tasse de sucre
- Boîtes de 2 à 14 onces de lait concentré à base de plantes
- 1/3 tasse de beurre de noix de coco

## les directions

a) Mélanger le sucre et le lait végétal concentré dans une casserole moyenne. Une fois qu'il commence à bouillir, réduisez le feu à doux et continuez à remuer doucement et continuellement. Une extrême prudence doit être utilisée lors de l'agitation.

b) Après 15 à 20 minutes d'ébullition, porter le mélange à une température de 225 à 235 °F. Retirer la casserole du feu et ajouter le beurre de coco en fouettant constamment pendant 3 minutes.

c) Verser la pâte dans le moule préparé et laisser refroidir complètement avant de réfrigérer pendant au moins 30 minutes.

d) Retirez-le de la poêle et coupez-le en morceaux. Enroulez du papier ciré autour de chacun. Les portions emballées doivent être stockées dans un récipient couvert pour éviter le dessèchement.

## 98. Amande en prunes au chocolat

RENDEMENT : 24 pièces

## Ingrédients

- 24 pruneaux, dénoyautés (prunes séchées)
- 24 amandes entières grillées
- 8 onces de pépites de chocolat mi-sucré
- noix concassées, pour décorer

## les directions

a) Préchauffer le four à 350 °F et tapisser une plaque à pâtisserie de papier d'aluminium ou de papier ciré.

b) Micro-ondes le chocolat jusqu'à ce qu'il soit complètement fondu.

c) Continuez à remuer jusqu'à ce que le chocolat soit lisse, puis laissez refroidir un peu pendant que vous préparez les pruneaux.

d) Placer une amande au centre de chaque pruneau, une par pruneau.

e) Trempez chaque pruneau dans le chocolat, en le noyant totalement.

f) Placer les bonbons sur la plaque à pâtisserie préparée et, pendant que le chocolat est encore humide, saupoudrer le dessus de noix concassées si désiré.

g) Après avoir placé tous les pruneaux sur la plaque à pâtisserie, réfrigérez pendant 30 minutes pour permettre au chocolat de prendre avant de servir.

h) Conserver au réfrigérateur jusqu'à une semaine dans un contenant hermétique.

## 99. Rouleaux de fromage doux végétaliens

fait : 6-7

## Ingrédients

### Pâte

- 250 g / 2 tasses de farine de blé
- ¼ cuillères à café de sel fin
- 7 g / 2¼ cuillères à café de levure sèche instantanée
- 35 g / 3 cuillères à soupe de sucre
- environ. 160 ml / 2/3 tasse de lait végétal végétal tiède
- 30 g / 2 cuillères à soupe bombées d'huile de noix de coco douce
- 2 cuillères à café de lait végétal végétal + 1 cuillère à café de sirop d'érable

### Remplissage

- 135 g / 1 tasse de noix de cajou crues, trempées
- 1 citron, zeste + 2-4 cuillères à soupe de jus
- 2 cuillères à café d'extrait de vanille
- 80 ml / 1/3 tasse de sirop d'érable ou de sucre
- 80 ml / 1/3 tasse de lait végétal végétal

- 15 g / 1 cuillère à soupe bombée d'huile de noix de coco douce ou de beurre de noix de coco végétalien
- 150 g / 5,25 oz. baies mûres

les directions

**Remplissage**

a) Placez tous les liquides dans le fond du mélangeur.

b) Ajouter les noix de cajou égouttées et lavées et mélanger jusqu'à l'obtention d'une consistance veloutée.

**Pâte**

c) Dans un grand saladier, mélanger la farine, le sel, la levure instantanée et le sucre.

d) Verser la majorité du lait végétal (retenir 1 cuillère à soupe).

e) Retournez le mélange sur une surface de travail une fois qu'il est resté en grande partie ensemble.

f) Pétrissez la pâte en tenant une extrémité dans une main et en étirant la pâte avec l'autre.

g) Travaillez l'huile de noix de coco dans la pâte (inutile de la faire fondre).

h) Chassez tout l'air de la pâte et divisez-la en 6-7 sections similaires une fois qu'elle a grossi.

i)  Pour chaque portion, roulez-la en boule et déposez-la sur une plaque à pâtisserie légèrement huilée, en la recouvrant d'un torchon.

j)  Préchauffez le four à 180 degrés Celsius (355 degrés Fahrenheit).

k)  À l'aide de votre main, aplatissez chaque boule, puis appuyez sur un fond de verre légèrement huilé dans chaque boule pour faire un creux profond pour le remplissage.

l)  Utilisez vos doigts pour parfaire la forme de l'empreinte si la pâte rebondit.

m)  Remplissez avec le délicieux mélange de «fromage» que vous avez produit plus tôt et des baies sur le dessus.

n)  Badigeonnez la pâte d'un mélange de lait végétal et de sirop d'érable (pas la garniture).

o)  Préchauffer le four à 350°F et cuire 20 minutes.

## 100. Soufflé ukrainien au chou cuit à la vapeur

Rendement : 8 portions

**Ingrédient**

- 1 choux, gros, avec les feuilles extérieures intactes
- 1 oignon, gros, émincé
- 4 cuillères à soupe de beurre
- 1½ cuillère à café de sel
- ¾ tasse de lait
- ½ cuillère à café de flocons de piment rouge
- 1 cuillère à café de poivre blanc
- 1 cuillère à café de marjolaine
- 3 jaunes d'œufs
- 5 blancs d'œufs
- 1 cuillère à café de sucre
- ½ chaque gousse d'ail, hachée

**les directions**

a) Évider le chou et enlever les feuilles extérieures. Blanchir ces grandes feuilles extérieures dans de l'eau bouillante pendant 5 minutes. Égoutter et réserver. Épépinez le chou, coupez-le en morceaux et mettez-le dans une grande marmite.

b) Verser le lait sur le chou et laisser mijoter pendant 25 minutes ou jusqu'à ce que le chou soit tendre. Faire revenir l'oignon et l'ail dans le beurre. Mélanger le chou haché, l'oignon et l'ail, le beurre de sauté, la chapelure, les jaunes d'œufs et les épices.

c) Battre les blancs d'oeufs jusqu'à ce qu'ils soient fermes mais pas secs, puis les incorporer au mélange. Étalez les feuilles de chou blanchies sur une grande étamine. Assurez-vous qu'ils se chevauchent et que le mélange s'intégrera au milieu avec beaucoup d'espace à revendre.

d) Entassez le mélange de garniture au centre des feuilles. Repliez les feuilles pour couvrir la garniture. Rassemblez les coins de la toile à fromage et attachez-les avec une ficelle.

e) Placez soigneusement ce paquet dans une passoire et placez la passoire dans une casserole profonde sur quelques centimètres d'eau. Couvrez la casserole pour qu'elle soit hermétique. Portez la casserole à ébullition et faites bouillir pendant 45 minutes.

f) Détachez l'étamine, retournez-la et retirez l'étamine.

g) Servir en coupant le soufflé en quartiers.

# CONCLUSION

De nombreuses caractéristiques de la cuisine ukrainienne étaient déterminées par le mode de vie des gens, dont la grande majorité était engagée dans de lourds travaux agricoles. La cuisine ukrainienne se caractérise par des plats riches en protéines, lipides et glucides. Pour la plupart des plats, un ensemble complexe de composants est caractéristique (par exemple, dans le bortsch, il y a jusqu'à 20 composants).

Au 19ème siècle, les pommes de terre se sont largement répandues en Ukraine et étaient utilisées pour faire des entrées et des plats principaux et des plats d'accompagnement pour les plats de poisson et de viande. Ce légume est devenu le «deuxième pain» en Ukraine - pratiquement tous les premiers plats étaient cuisinés avec des pommes de terre remplaçant les légumes traditionnels tels que le panais et le navet.

Les plats de la cuisine ukrainienne, en particulier les plats de pommes de terre, ont beaucoup en commun avec les plats de la cuisine biélorusse. Beaucoup de plats ukrainiens par leur nom et leur composition ont beaucoup en commun avec les plats des Slaves occidentaux. Chacune des régions ethnographiques de l'Ukraine a ses propres particularités culinaires en fonction des événements historiques et des traditions.

www.ingramcontent.com/pod-product-compliance
Lightning Source LLC
Chambersburg PA
CBHW070507120526
44590CB00013B/774